WIZARD

トレードで行き詰まったときに読む本

The Inner Voice of Trading

自分を
ことから
相場心

マイケル・マーティン
長尾慎太郎［監修］　井田京子［訳］

Pan Rolling

The Inner Voice of Trading :
Eliminate the Noise, and Profit from the Strategies That Are Right for You

by Michael Martin

監修者まえがき

本書はマイケル・マーティンによる「ザ・インナーボイス・オブ・トレーディング（The Inner Voice of Trading）」の邦訳である。内容の論旨は「トレードの結果を左右するのは一にも二にもメンタルマネジメントであり、そのためにはまず自分自身を知ることが重要である」というものである。一般に投資家は、資産運用においては客観的な安全や利益よりも主観的な安心を優先する傾向にある。ここで、「いや、そんなことはない」と読者が異を唱えられるのであれば、あなたは極めてまれな少数派に属していることになる。これまでに多くの学術研究が示唆していることであるが、身の周りにある各種のリスクに関して、ほとんどの人は法外なコストを払ってでも主観的な安心を買おうとすることが分かっている。例え、その行為が客観的にはまったく逆効果であったとしても。

このように人間とはまことに弱く非合理的な存在であり、したがって逆に言えば、その欠点を克服できた人はトレードに限らず非常に有利な立場を手に入れることになる。

このため機関投資家においては、そうした人間の感情の起伏がパフォーマンスに悪影響を与えることがないようにあらゆる工夫が凝らされているのである。だが、そうした組織的なサポートが得られない個人投資家の場合は、自ら意識してその問題を乗り越えるしかないが、近視眼的な結果を求めるという性向は、私たち人間が自然に持ったぐいのものである以上、それだけの自制心を発揮することは至難である。

そういった現実を踏まえると、私たちがトレーダーとして求めるべき最終形は、自分が精神的に落ち着いた状態で運用できる売買手法を知るということになる。筆者のマーティンはそこまでの道筋を本書によって示している。また、自分自身を知るということは、自分の弱さを知ってそれを受け入れ、等身大の生き方を見つけるということでもある。そして、それが成功への一番の近道なのである。

二〇一二年五月

長尾慎太郎

父ロバート・J・マーティンと母アン・M・マーティンに捧げる

●目次

本書は、二〇一二年六月に出版された『内なる声を聞け
――「汝自身を知れ」から始まる相場心理学』の新装版です。

まえがき

本書は、トレーディングにおける思考と感情のバランスをとるという科学的かつ芸術的な挑戦に関して、深い洞察を与えてくれるものである。

トレーダーたちは、ゾーンに達し、マーケットと一体化した感覚を保つことで、驚異的な利益を上げることができるなどと言う。そういう状態になりさえすれば、トレーディングをするのに何の苦労も必要ないように聞こえる。しかし実は、一番難しいのはその「感覚」を保つことなのである。もしイライラしたり、強欲や恐怖にかられたりすると、そのときの「感覚」を失い、大儲けしたときや大損したときの過去、何の保証もないバラ色の未来に思いが飛んでしまう。つまり、自分の感情と戦うということは、ずっとその「感覚」でいることを許さない。だからこそ、利益を上げるときに障害となるのだ。

マーティンは、本書で雑念を捨てて、精神と感情のバランスを保つことについて詳しく述べている。彼はこの点について、自身やほかのトレーダーの例を用いて説明している。このなかには、正しいタイミングで損切りすることの重要性も含まれている。

トレーダーは、トレーディングの本質的な原則は理解している。勝ちトレードは保有し続け、負けトレードは損切りする。そして、リスクを管理し、逆指値注文（ストップ注文）を活用し、自分のシステムを使い続け、ニュースは無視する、といったことである。これらの原則を固く守り続ければ、普通はトレーディングも人生もうまくいく。ただ、多くの人にとって規則に従うことは必ずしも楽しいことではない。

原則重視で生きていくためには、かなりの資質が必要とされる。だれでも高く買ってしまったり、安く売ってしまったり、永遠に続くように見えるウイップソウ（ちゃぶつき）に何度も見舞われたりしていると、不安な気分になる。著者は、成功のカギを握るトレーダー自身の性格について、興味深いトレーディングのエピソードを紹介しながら深い洞察を加えている。

私が運営する「トレーディング・トライブ」を通じてトレーダーたちの相談に乗る楽しみのひとつに、賢くて意欲的な人たちと出会い、刺激し合い、経験を分かち合うことや、彼らが成長して成功をつかむのを見られることがある。ずっと以前にこのトライブに参加したマーティンも、こういうなかのひとりだった。

彼の最初の印象は、いかにも東海岸出身の都会的で頼りになりそうなタイプで、気難しいタクシー運転手とコメディアンを足して二で割ったような感じだった。しかし、グループの活動が進んでいき、みんながそれぞれの仕事や人間関係に悩んでいると分かったときに、彼が兄弟のように共感を示し、笑い、苦しみ、泣いているのを何回も見るようになった。

この活動を通じて、私は彼が人間としてより穏やかになっていくのが分かった。彼はそれまで以上に人々を受け入れる一方で、自分自身はより強くなり、自分の才能を周りの人たちに分け与えられるようになっていった。本書の行間からは、彼が今でも修行を続けていることが感じられるが、彼は今や自身の素晴らしい師であり、相談相手であり、書き手でもある。つまり、彼自身が本書のひらめきの元になっているのだ。

マーティンがまえがきの執筆を依頼してきてくれたことを、私はとても名誉なことだと思っている。彼が本書を執筆したことと、あなたが本書を読むことを、ともに祝福したい。

エド・スィコータ（テキサス州オースティンにて）

謝辞

マイケル・マーカス、エド・スィコータ、ヨーゲン・クリスティアンセン、アーロン・ブラウン、ピーター・ボリッシュ、ビル・ダン、エリック・シフマン、トム・バッソ、ＢＫＳ・アイアンガー、リンダ・ラシュキ、ビクター・スペランデオ、マイク・ベラフィオーレ、スティーブ・スペンサー、ヘルムート・ワイマール、ラリー・ショバー、ジョン・デルベッキオ、ウイロウ・ベイ、マリア・ラッソ、リチャード・サンダー、キャロル・ブルッキンス。

そのほかに協力してくれた人たち

マイケル・Ｊ・ライス、エレノア・ジョンソン、ハリス・スパーリング、トニー・「ファット・トニー」・タルディーノ、ピア・バルマ、リッチ・ブレーク、ＪＪＦ、マニッシュ・ジェイン、スコット・カミンスキー、ヤスミン・ライクブッシュ、エリン・フィッツパトリック、リズ、ガブリエル・ラムラとマーク・ラムラ、ステーシー・マリー・イシュメイル、マリアン・マーティン、ルック・イーモン・マーティン、ロイヤル・シームス・マーティン、TJ・オコナー、キーラン・ゲイン、ショーン・パット、ブライアン・ケニーとモニカ・サラング、ジェームス・ロバート、アンソニー・ダーフィー、ダグラス・マンシーノ、ピーター・フィリックスとヘザー・フィリックス、ジェラルド・コラグロッシ、マグシー、メリッサ・ムアとジェリー・タプキ、カレー・ドス、マイク・ホルウィック、ジョアナ・「Jゴー」・グラッエスコウィック、アンドリュー・ホムシ、リッチ・バーンズ、マーガレット・リース、エミー・ゲフェン、マリアン・ケリー、アレックス・ラポストール、カルビン・スレーター、リチャード・ヒューズ、ウエンディ・ミューラーとJJ・ミューラー、バッド・アーデル、スーザン・バースク、カリム・チェリフ、ジョン・クリステンセン、ジョセフ・ハンキン、バート・リベリ・ジュニア、ジェームス・リトル、スコット・マッキントッシュ、メリッサ・ベルとレオ・シュミット、アナ・ラドウ、サイモン・メインワリングとモナ・メインワリング、ネリー・ニアンビ、レニー・モー。

また、本書の出版においては、特にエグゼクティブエディターのジム・ボイドに感謝している。彼は最初の時点から本書の構想を信頼してくれた。また、ラス・ホールと、素晴らしい著者のマイケル・トムセットを紹介してくれた。トムセットの鋭い洞察と提案は非常に役に立った。三人が推敲の過程で多くの時間を費やしてくれたことに、とても感謝している。

第*1*章

序論

多くのトレーダーがそうであるように、私もジャック・D・シュワッガーの『**マーケットの魔術師**』（パンローリング）を読んで、プロのトレーダーの世界に興味を持った。この本は、ジム・ロジャーズ、ポール・チューダー・ジョーンズ、マイケル・マーカスなど、当時大成功を収めていたトレーダーやマネーマネジャーへのインタビュー集である。私が幸運だったのは、この本に出てくるトレーダーの多くと知り合い、彼らから学ぶ機会を得られたことだった。そして、エド・スィコータなど何人かは友人として相談に乗ってくれるようになり、それが私のトレーディングでの心理状態に大きな影響を及ぼした。

トレーダーの間で、『マーケットの魔術師』のスィコータの章はとても人気がある。「勝っても負けてもみんなマーケットで欲しいものを手に入れる」という有名な言葉を引用する人も多いだろう。この言葉は、当時も今も、失敗したトレーダーや二流のトレーダーの最大の弱点を突いている。もしいつも負けているならば、それはトレーダーのゴールであるシステムのデザインが悪いのである。スィコータと彼の教え子にとって、思いは具現するものなのだ。

しかし、この章で最も啓発的な言葉は、**「トレーダーにとってのゴールとは、**

自分に合うシステムを開発すること」、つまりトレーダーの感情とトレーディング技術が調和できるシステムを探すことだ。この場合のシステムとは、トレーディングルールを指している。何を買うのか、どれだけのポジション量を保有するのか、いつ仕掛けていつ手仕舞うのか、損切りするのか、利食うのか――といったことである。これらのルールは、本来知的なもので、少なくとも外からはそう見える。しかし、これらを使っていると、トレーダーの内面で感情のスイッチが入る。意欲的なトレーダーの多くは、トレーディングを学ぶためにこの知的なルールを追い求める。幼稚園のときからそうやって物事を学んできたからだ。しかし、彼らの多くは実際のトレーディングにおける知的な側面はわずか二〇％で、心理的な側面が八〇％を占めていることに気づくのが遅すぎる。私は本書を使って、この傾向を変えたいと思っている。

スィコータのインタビューで、彼は「知的または技術的に理解できる」システムや、「トレードのハウツー」についてではなく、「トレーダーと相性が良い」システムについて語っている。彼は、自分と自分の感情を理解することを提案しているのである。ちなみに、相性が良いということは、トレーダーとシステムが調和することを意味している。

トレードスタイルに関係なく、多くのトレーダーが成功できない最大

の理由は、トレーダーとシステムが調和していないことにある。トレーディングのルールや手法と感情が連動していないのである。彼らは、これらのルールを技術的な面や知的な観点からは理解していても、心理的な面や自分自身を理解するという観点からは理解していない。ただ、このことについて彼らばかりを責めることもできない。普通に行われている教育制度は生徒の感情とは関係なく作られており、そんなことが考慮されることもなかったからだ。この機械的な教育モデルが、トレーダーを目指す以前にすでにトレーダーとしての失敗を決定づけている。もちろん、このことにどう気づけばよいのかというのは難しい問題だ。不幸にも、自分自身を理解しないままに答えを探し続ける人もいる。ところが、皮肉なことに、トレーディングで成功するための答えはトレーダー自身の頭の中にすでにあるのだ。

トレーディングで成功するためには、知的な面と心理的な面が一体となっていなければならない。例えば、夫婦は時とともに相手への知識と自分が何者であるかということを深化させていく。しかし、もし自分自身を理解することができないとなると、結婚生活を続けていくのが難しくなる。そのような状況では双方にストレスがかかるからだ。

もし一方が「自分はどういう人間なのか」に疑問を持ったときは、一時的に離れてみるとよいだろう。そして、トレーダーも資金をすべて失いたくなければ、一回立ち止まってみるとよい。自分自身を理解することがないままトレーディングを続けるのは、ナビゲーターなしに飛行機を操縦するようなものなのである。

トレーディングルールは、ときには挑発的だったり刺激的だったりしてトレーダーの感情を揺さぶる。彼らは、「この価格で仕掛けるべきか」「この銘柄を買うべきか」「ここで損切りすべきか、それとも価格が仕掛け値に戻るまで待つべきか」などと迷うのだが、私に言わせればこれらは知的な疑問ではなく感情的な疑問なのである。これらの疑問は、そのときのトレーダーの感情から生まれている。このとき、彼らの感情をとらえているのが何なのかを考えてみると、実はお金とはまったく関係がないという場合がよくある。

疑問　この価格で仕掛けるべきなのか。今は買い時なのか。

このときの感情　どうしていいか分からないが、やってみよう。

疑問　この銘柄を買うべきか。

このときの感情　とにかく買いたい。言ってくれればすぐに実行する。急いで教えてほしい。ポジションを取らないでいるのは苦しいんだ。

ジェイソン・ツバイク（『あなたのお金と投資脳の秘密――神経経済学入門』〔日本経済新聞出版社〕）によれば、実際に利益になることよりも、儲かる可能性があることのほうが病みつきになるという。

疑問　ここで損切りすべきか、それとも仕掛け値に価格が戻るまで待つべきか。

このときの感情　もし間違ったら、みんなはどう思うだろうか。私はＭＢＡ（経営学修士）なのだから頭が良く見えなければ自尊心は保てない。それを覆すようなリスクはとれない。私はそういう人間だ。もし待てばテクニカル的には間違っていない。損が出たとしても、自尊心は傷つかない。

トレーダーも人間であり、その行動は「楽しみを求め、痛みを避ける」という人間が本来持っている傾向に従っている。このことは、トレーダーにも投資家にも言える。右の疑問がどれもトレーディングの「ハウツー」以外を表しているのは、トレーダーが自分の感情を感じ取って自分の言葉の意味を理解する技能を持っていないことに原因がある。そして、このような状況に陥って、体中のあちらこちらに感情的なしこりができると、損益表は悪いほうに偏っていく。

本来、トレーダーにこのような疑問は必要ない。しかし、**テクニックと自分自身を理解するということの調和がとれていないトレーダーには、人生で最も嫌な人間の声が聞こえてくる。**「おまえは医者になるべきだった。トレーディングなんて合法的なギャンブルでしかないと言っただろう」。ところが、技術的なルールと自分自身を理解することの調和がとれているトレーダーには、内面の平穏と自信が訪れる。そうなると、彼らは「内なる声」と対話できるようになる。マーケットの魔術師たちは、この声に耳を傾けることを学んだ人たちなのである。

本書の趣旨は、感情的な面からトレーディングの判断を検証することで、あなたの行動に関する深い洞察を得る手助けをしていくことにある。この過程で、あなたは周りの人に合わせようとしたり、常識に耳を傾けることをやめて自分の内なる声に耳を傾け、それと対話していくことができるようになる。また、その道のりには、自分自身を知り、自分自身を理解する水準を上げていくことが含まれている。ちなみに、自分自身についてどれだけ学べるかは、自分が持っている感情のすべてをどこまで深く積極的に理解しようとするかにかかっている。

人は学歴が高くなるほど学習方法として「ハウツー」に頼り、高い点数を取るための「正確なモデル」を求める。例えば、「このテストは九〇％以上正解したらAがもらえる。テストで数回Aを取れば、この科目にはAが付くはずだ」などと考えたことがあるだろう。しかし、こう考えているときのゴールは正しく解答することがすべてになってしまっている。自分自身を理解するためには、言葉や文字に表されたものに頼ることはできない。自分自身を理解するというのは、家庭内や身近な世界で他人があなたやあなたの周りの人に対して、どのように行動するかを見ることで理解することができるのである。

この状況はトレーディングにおいても起こる。トレーダーになる人は、以前にＭＢＡを修得しているかもしれないし、最も難しいプロの資格のひとつであるＣＦＡ（ＣＦＡ協会認定証券アナリスト）を取得しているかもしれない。両親にとっては自慢の子供で、自分自身にも満足しているだろうし、そうだったのだろう。多くの同僚よりも高学歴で、客観的に見てもそうだったのだろう。しかし、それらの証明できる知性や知能を持っていたとしても、トレーディングの兵器庫のなかで最も重要な「損失を最小限に抑える」ということさえ満足に実行できないかもしれないのだ。理由は簡単だ。頭の良い人は間違えたくないのである。それまで成功を重ねて生きてきた人は、自分が正しいことに慣れているため、儲かるよりも正しいことのほうが安心できるのだ。トレーダーとして、確実に起こり得る多くの小さな損失を確定させるよりも、負けトレードを放置して、自分の理論が正しかったことをいつの日か、マーケットが実証してくれるのを待つほうが自分の今までの生き方に沿った楽なやり方なのである。

社会的な道徳観もジャマをする。トレーディングの利益率と、自分はいつも正しくありたいという傾向は相対立するからである。彼らにとって、正しくあろうとすることのほうが敗北を認めるよりも気分が良いのだ。「勝者は絶対にあきらめない」などといったよく耳にする言葉はリスク管理の助けにはまったくならないが、そのリスク管理がトレーダーの一番大切な仕事なのである。勝者はけっしてあきらめないが、あきらめて一時的に失敗を認めればトレード口座には資金が残り、翌日また新たな気持ちで再出発できる。負けを認めるトレーダーは、負けトレードの含み損が利益に変わるのを待ちたいという感情に惑わされたりはしない。

これは理解できていないということではなく、自分が頭が良いということと、トレーディングという仕事で競争を勝ち抜くために実行しなければならない行動が、感情的に調整できていないのである。これは利益を上げること（純粋に正しさを追求すること）だけでなく、損失の数倍の利益を頻繁でなくとも継続的に出していくこと（数学的な期待値を追求すること）にも言える。プロのトレーダーは数学的期待値という概念に基づいてリスクをとるが、これこそが全期間の五〇％以上（正確ではないが）で間違っていても、非常に高い利益率を叩き出す要因になっている。そして、何よりも重要なことは、彼らがトレーディングのすべての過程において感情を抑えていることである。数学的な期待値を理解することが、知性と自分自身を理解することの間の溝を埋める役に立つこともある。このことは、内なる声がよく聞こえるようになるための最も重要なツールかもしれない。例を見てみよう。

あるポートフォリオを均等に五つのポジションに配分したところ、次のようなリターンになったとする。

●シナリオA

ポジション1　　プラス二五%
ポジション2　　プラス一〇%
ポジション3　　トントン
ポジション4　　マイナス一〇%
ポジション5　　マイナス二五%

しかし、苦労して組成したこのポートフォリオの全体リターンはトントンである。ポジション1とポジション2はテクニックがあったか、運が良かった。ポジション4とポジション5はテクニックがなかったか、運が悪かった。しかしすべてのポジションが同じサイズなので、ポートフォリオ全体のリターンはゼロになっている。そのうえ、多くのトレーダーは、利益になったポジション1とポジション2を売って、含み損を抱えているポジション3とポジション4とポジション5を保有して、価格が順行するのを待つことで状況をさらに悪化させる。これは花を摘み取って雑草を伸ばすのと同じことだ。

次は、同じポートフォリオの二カ月後の状況（シナリオB）を見てみよう。今回は多少のリスク管理を行っている。

●シナリオB

ポジション1　プラス二五％
ポジション2　プラス一〇％
ポジション3　トントン
ポジション4　マイナス一〇％（売却済）
ポジション5　マイナス一〇％（売却済）

ポジション1とポジション2が利益になって、ポジション4とポジション5が損失になった理由が何であれ、価格は動いた。このシナリオBではポジション4とポジション5がさらに損が膨らむ前に売却したため、ポートフォリオ全体のリターンはプラス三％になった。これがテクニックや運によるものかどうかは分からない。ただ、ポジション4とポジション5の損失を確定させるためには、自制心を持ち、失敗を認めなければならない。これらは感情と自分自身を理解することにかかわることで、知的なことでも何でもない。しかし、ポートフォリオの管理に自分自身を理解することと自制心を用いて損失を小さく抑えておけば、専門家でもアマチュアでもパフォーマンスを上げることができる。負けポジションを損切りしたあと、ポートフォリオBは資金の六〇％を投資して、四〇％は現金で保有していた。この環境でこそ、勝ちポジションが利益を伸ばしていくのだ。もしこのトレーダーが内なる声をよく聞くようになれば、負けポジションを心配してエネルギーを無駄に消費することはない。その代わりに、すっきりした頭で次の行動に集中し、勝ちポジションに増し玉をしたり、新しくポジションを建てたりすることができるようになる。このポートフォリオは、トレーダーの考えと調和がとれているし、彼のポジションとポートフォリオは利益を上げるというトレード本来の目的に適合している。そして、損失を小さく抑えておけばこそ、利益がポートフォリオ全体にプラスの貢献をしてくれる可能性が高くなる。

そのうえ、トレーダーがどう考えようと、マーケットの動きに変化が生じるわけではない。もし仮にポジション4とポジション5の銘柄がアップルならば、この会社の製品やＣＥＯ（最高経営責任者）に愛着があるのかもしれない。しかし、アップル株は人間ではないから感情もないし、直通電話でスティーブ・ジョブスに「あなたがとてつもない天才だからアップル株を買った」と伝えられるわけでもない。アップルは、あなたが同社の株を保有していることなど知らないし、名義変更をしていなければなおさらだ。内なる声により耳を傾けるようにするためには、保有期間に関係なくアップル株を需要と供給の力によって動くモノと見なければならない。その銘柄を愛した瞬間から、人は損失を小さく抑えるという理性を失う。結果として、感情的に投資してしまっているのである。

もしこれが私のポートフォリオならば、ポジション3も手仕舞うだろう。私は、価格が二カ月間、上にも下にも動いていなければ売る。株を買えば、起こり得ることは三つしかない。上がるか、下がるか、横ばいかだ。この三つのシナリオのうち二つは私が間違ったことになる。たとえ含み損を抱えていなくても、間違いには変わりない。ちなみに、利益を生まない株を一定期間保有したあとで手仕舞うことを「タイムストップ」という。

トレーダーのなかには、トレーディングとはニュースを出し抜くことだと考え、明日のニュースの見出しになる前に株やトレードアイデアに基づいた銘柄をポートフォリオに取り込もうとする人もいる。出版社が一年に一度だけ雑誌を発行して、「損失を最大でも自己資本のマイナス一〇%に抑える」という特集を組めばよいのにと思う。そういうことをしないマスコミは金融にうとい人をなくすというところからはるか遠くにいるが、彼らの仕事は金融リテラシーではなく、雑誌を売って高い広告料を取ることなのだ。内なる声に耳を傾けると、物事がはっきりと見えるようになり、「CMGTはインターネット業界のバークシャー・ハサウェイだ」「今、プロが買っている一〇銘柄」などといった雑誌の見出しを見ても、鼻で笑えるようになる。雑誌がどのような特集を組もうが、トレーディングとは損失を小さく抑えることに集中するプロセスこそが重要なのである。結果ではなく、このプロセスに集中してほしい。

ただ、それでもあなたの頭の中にいる小さなトレーダーが、「一〇%で損切りしたあとに仕掛け値に相場が戻ったらどうするんだ」と言ってくるかもしれない。これを感情に置きかえると、「イラつくうえにバカみたいに見えたらどうしてくれるのか」となる。もしもうひとりのあなたがこんな風に問いかけてくるのならば、投資先の会社に愛着があったり、自分の教育水準にうぬぼれがあるのかもしれない。トレーディングを始めてすぐのころは、「一〇%の損失で損切りしたらどう感じるか」または「損失が五〇%に膨らんだらどう感じるか」などに自問自答したと思う。それが現実となったときに、どちらを選択するかはあなたの自由だ。しかし、内なる声に耳を傾ければ、選ぶべき道は簡単に分かるだろう。

私の経験では、新しく建てたポジションが逆行すると、その動きは続くことが多い。良いトレードは、たいてい最初から利益が出るものだ。もし手仕舞うのが早すぎたときは、もう一度仕掛ければよい。こうすれば、一度の損失が苦労して得た利益を吹き飛ばしてしまう心配はない。そして、次はイライラや落胆といった感情をよく考えて、それが何を表しているのかを突き止める。失敗を認め、マーケットの動きのままを受け入れ、一〇%の損失も二五%の利益も同じように感じられるようになってほしい。**イライラした感情を抱えたあるがままの自分を受け入れるようになれば、その後の人生でも落胆しないですむようになる。それでこそ、健全な仕事である。**

感情はトレーディングルールやトレーディングの手法の真の構成要素であり、テクニカル指標は機械的なものというよりも、むしろ感情を確認するためのものと言える。内なる声によく耳を傾けることができるようになると、自分に対して「二五%の利益になるトレードを仕掛けるためには、一〇%の損失になるトレードにも感情的に耐えられなければならない」と言い聞かせるようになる。これは、問題の五％を間違えてもAを取ることができるというのと同じことだ。目的は全体として利益を上げること（科目の成績でAを取ること）であり、そのためには五〇％以上の確率で失敗したとしても気にしないことだ。

私は、生徒たちに自分の行動について評価するときに、次のような見方をするように教えている。まず、一日のトレードのなかで最高のトレードがたとえ負けトレードだったとしても、自分の手法を一貫して守ることができたならば得るものがある。また、その日の最高のトレードがたとえ損失で終わっても、感情を抑えることができたならば、それはプロのトレーダーらしく行動できるようになってきた証拠と考えてよい。そして、それを三年間続けることができれば、プロのトレーダーになれる。結局、プロになりたければ、トレーディングの損失はこの仕事の一部なのだということを数学的にも感情的にも理解する必要がある。ただし、損失は小さく抑えておかなければならない。

トレーダーの心の奥をのぞいてみると、トレーディングの本当の目的が利益を上げることではなく、トレーディングにおける感情の変化になってしまっている人が多いと考えているのは私だけではないだろう。トレーディングシステムの数だけ、それによって引き起こされるさまざまな感情の起伏があり、また性別によっても違う。女性のほうが自分の感情をうまく処理できるが、直接対決は好まない。男性はすぐ競争しようとするが、自分の感情については話したがらない。デパートの女性下着売り場で、女性は偶然に別の女性と友だちになったりするが、男性は男性であるがゆえに女性と知り合うために下着売り場に行く。ちなみに、下着も株と同様、強い感情の起伏を引き起こす。

みんなよりも先に内なる声に耳を傾けたければ、本書を読んだときやトレーディングをしているときに気づいた感情をすべて日記に記録しておくとよい。日記は、自分の行動を注意深く観察するために必要となる。知的な問題に直面したときにどのように感じるか、自分が大事に守ってきたことにだれか（例えば、私のような人間）が疑問を投げかけてきたらどう感じるか、などを書きとめておくのである。このような練習によって自分を知ることができ、それがトレーディングにも役に立つのである。『ザ・フォーアワー・ボディー』（The 4-Hour Body）の著者であるティモシー・フェリスは、一八歳から自分が行ったトレーニングをすべて日記に付けていたという。ちなみに彼は、今三〇歳代になっている。何事も記録すれば、向上することができる。コンピューターを使えばたくさんのトレードができるが、自分の行動をすべてコンピューターに代行させることはできない。自分への洞察がなければ、自分の内なる声を聞くことはできない。もしまだトレーディングを始めていなければ、むしろそのほうがよい。自分を知ることと自分自身を理解することはトレーダーにとって最も重要な要素であり、どんな技能よりも価値が高いからだ。自分自身を理解することと内なる声を聞くことに集中すれば、大きな優位性を得ることができるだろう。

あなたの頭の中のもうひとりのトレーダーが言うことは分かっている。「だけどマイケル、今すぐトレーディングを始めたいんだ。日記を付けている暇なんかないよ。素晴らしいチャンスを逃したくないんだ。それに、一日も早く自分はトレーダーだと名乗れるようになりたいんだよ」。しかし、あなたがトレーダーになったかどうかなど、だれも気にもしていない。トレーダーになるのならば、他人の関心を引くためではなく、自分のためになってほしい。飛んで火に入る夏の虫になってはいけないのだ。まずは落ち着いてマルコム・グラッドウェルの『天才！　成功する人々の法則』（講談社）を読んでおこう。もし仕事を始めたばかりならば、グラッドウェルが専門家になるために必要だという一万時間は始まったばかりなのだから急ぐことはない。日記に、「忍耐が必要なとき、どのような感情が浮かぶのか」と書き、どう感じたかを私に教えてほしい。このような感情は、人生のどこかでまたわき上がる可能性が高いのだから、今のうちに知っておいたほうが得だ。私がエド・スィコータから学んだ最も重要なことは、自分のトレーディングに悪影響を及ぼす感情も、好影響を及ぼす感情と同じくらい必要なものだということである。避けようとしている感情が、実は味方なのかもしれない。人は苦労してある種の感情を排除したり、「光を求めて」自分が好ましいと思う感情に近づこうとしたりする。ただ、その光が虫取り器でないように気をつけたい。

プロのトレーダーになると、一生大変な生活が続くことになる。これまでの人生でそれほど頑張ったことがあるだろうか。どのようにして今の性格になったのだろうか。トレーダーにとって、日々の仕事で最も重要なことは翌日の準備で、これは午後五～一〇時ごろに行う。日曜の夜にその週のスポーツニュースや「六〇ミニッツ」が見られなかったり、マンデー・ナイト・フットボールを見逃したりしたらどう感じるだろうか。それならば、あとでファンタジー・フットボール（ゲーム）にでも参加すればよい。「ダンシング・ウィズ・ザ・スターズ」が見られないからと言ってがっかりしただろうか。その感情が、トレーダーになるという目的のジャマをしていると感じたら、それもあなたの感情のシステムの一部なのだから日記に書きとめておこう。

私は以前、ウラジーミル・ナボコフの「作家とは、人よりも書くのが苦手な人だ」という言葉に出合い、この意味の深さに圧倒された。それまでにも彼の本は読んでいたので、この言葉はなおさらショックだった。彼ほどの作家が、なぜここまで率直にそれを認めることができるのだろうか。そのとき、ナボコフが強力な内なる声に耳を傾けているからだということに思い当たった。彼の書くという技能は、彼の感情と調和している。私はトレーディングを始めて二三年がたつが、今ならば彼がそう言った理由も分かる。トレーディングの世界にも似た点がある。それは、トレーダーとは、いつも正しくありたいという考えを捨てて、トレーディングにかかわったほとんどの時間で小さな間違い（損失）を受け入れることを喜んで学びとった人と言ってよいだろう。また彼は、ほかのトレーダーから認めてもらおうなんて思ってもいない。他人からの助言も必要とせず、楽しみながら自分で決めた規律を守っているが、これらを実践できる人はそう多くない。また、自分の技術的な知識と感情を調和させ、そこから生まれる内なる声は彼の最大の財産であり、味方でもある。本書では、成功しているトレーダーがどのようにしてこの深い洞察に至り、そのために何をしてきたかということを明らかにしていきたいと思う。

第2章

負けを認める

「負けを恐れる気持ちをすべて解き放ったため、己を鍛えるのじゃ」——ヨーダ（「スター・ウォーズ　エピソード3　シスの復讐」より）

先物トレーダーのための講習には重大な問題がある。リスク管理に興味を持つ人の多くは、トレーディングにおける感情や心理といった内面ではなく、「ハウツー」という外面ばかりを重視しているからだ。そして、このことが大きな問題を引き起こすことになる。

アメリカで教育を受けたトレーダーは、この国の学校制度の下で叩き込まれた学び方が染み付いている。私たちが小さいときから通う学校では、正しく正確であることが良いこととされている。先生が授業をし、課題の読み物と宿題が与えられ、どれだけ理解したかを試験で試される。試験は、陳腐な方法だが何回も復習をすれば高い点が取れる。このようにして、私たちは正しく正確であることと、学んで褒められることに固執するようになる。

このような教育を受けて長年過ごしていると、これを人生のすべてにおいて適用するようになっていく。私たちは幼稚園から大学までの一六年以上をこのような環境のなかで過ごすため、このシステムが体に染み込んで、いちいち頭で考えなくてもそうしてしまうようになっている。

正しく正確であることは報われる。不正確で厳密でないことは悪いだけでなく、失敗とみなされ、自尊心が大いに傷つくことになる。そこで、私たちは何をおいても失敗を避けようとする。間違いが公然となりそうなときはなおさらだ。テレビの金融番組に出演するアナリストが、推奨銘柄が外れたときに言い訳をするのはそのせいだろう。彼らは何らかの理由（たいていは統計的な異常値）をつけて説明したうえで、異常値が発生しなければ「うまくいくはずだった」と言う。ヤンキースに賭けたのは失敗だったが、自分がヤンキースに賭けて、それを外したことを周りのみんなが知っているのが都合の悪いことなのである。

学校で間違えると、次のテストに向けてさらに勉強する。言い換えれば、時間をかけて詳しく「ハウツー」を確認するのだ。もちろん、事実や数字や概念を繰り返して見せても、あなたという人間が分かるわけではないが、それを知らないと格好がつかない。

ここで、先見の明がある先生が、人生での賢い選択について教えてくれるとしよう。先生は、一問二点の問題が五〇問出題されるテストと、一問三〇点の記述問題が四問出題されるテストのどちらかを選べという。

もし試験時間が同じならば、どちらがより得点を取れるだろうか。全問正解できそうな可能性がある（もちろんそうなれば自慢できる）としても、四〇問程度なら正解できそうな二点問題を選ぶべきなのか、それとも記述問題で七五%くらいの精度を目指すべきなのだろうか。

私は、トレーダー用のメンタープログラムの生徒たちに後者を選ぶよう勧める。というよりも、むしろ前者は選ばせない。たとえ半分以上の問題を間違えたり、時間が足りなかったとしても、期待値が高いほうを選ぶべきだからである。トレーディングにおいて、トレーダーはいつも選択を間違えるし、トレードできる銘柄は一万もある。異常値は毎日のように発生し、大口トレーダーでさえ消えていく過酷な世界である。後悔ばかりはしていられない。この問題を通して、生徒たちは頻繁に間違いを犯しても大成功するチャンスがあるということを学ぶのが大切なのである。

トレーディングでの聖杯は、勉強しても見つかるものではない。大学院で修士号を修得したり、CMT(認定マーケットテクニシャン)やCFA(認定証券アナリスト)といったプロの資格を得たりしても、行動は向上するどころか、むしろ悪化する可能性もある。自分は専門家だと思ってしまうからだ(知識的にはそうかもしれない)。しかし、トレーディングの六〇~八〇%は感情や心理から成り立っており、これらの資格がリスク管理やトレード結果に及ぼす影響はほとんどないか、まったくない。そのうえ、もし自分自身を理解することができていたとしても、EQ（心の知能指数）水準を周りに合わせていかなければならない。運が良ければリスク管理やリスク調整後リターンを評価されることもあるだろう。ヘッジファンドのSACが偉大な故アリ・キエフ博士をスタッフとして雇っていたり、ブレット・スティーンバーガー博士が最も偉大なマーケットの魔術師に専属で付いているのもうなずける。

何を、どのように、どれくらいの頻度でトレードするかは、特定の金融商品に関する知識ではなく、トレーダーがどのような人間かということにかかっている。しかし、このことはトレーダーのためのセミナーでは教えてくれない。本書を読むことで、少なくとも次の点だけは学んでほしい。

一．トレーディングの利益は数学的な期待値で決まる
二．知識よりも自分自身について知ることのほうが重要である

これらのことは、ビジネススクールでも教えてくれない。何を知っているかではなく、どんな性格を持った人間なのかが、トレーダーとして成功するかどうかを決めるのであ

る。成功のカギを握るのは一徹さと意志の強さだが、これは感情の問題であって、白黒はっきり付けられるような問題ではない。

ビル・ダンのシステムトレードについて読むと、商品先物に魅力を感じるかもしれないが、商品先物が自分にとって最適かどうかがどうして分かるのだろうか。みんなが毎日タイミングを計ってトレードしているのに、「マーケットのタイミングなんて分かるはずがない」と言われたら、どうすればよいのだろうか。

もし商品先物について何も知らなくても、技術的な知識不足は努力と勉強で克服できるかもしれない。しかし、商品トレードの技術的なことやシステムのデザインを学んだあとは、トレードの仕方を学ばなければならない。なぜダンは何十種類もの商品をトレードして成功しているのに、ほかの人たちにはできないのだろうか。それは、彼が魔法のシステムを持っているからではない。大事なのは、彼のシステムが彼の感情と合っているということで、それこそがリスク管理で長期的に成功するためのカギとなるのだ。

トレーディングで成功するための一番重要なことはトレンドだとも言える（上昇、下降、横ばい）。そして、株や先物のトレンドは、あらゆる時間枠で起こる（日中、日単位、週単位、月単位）。横ばいのときに利益を出すために、あなたは買うだろうか、売るだろうか、オプションを売買するだろうか。このようなことは、技能や知識面での問題であって学習することができる。しかし、トレーディングは知識だけでは成功できない。殻を破って自分自身について知らなければならないのである。

そのためにできることとして、ヨガや瞑想をしたり、何年間かトレーディング・トライブ（技能的にも人間的にも向上し、お互いサポートし合うことを目指す人たちのために、エド・スィコータが主催している集まり。詳しくは、http://www.tradingtribe.com 参照）で過ごすことなどがある。私は実際そうした。『ワン・グッド・トレード』（パンローリング）の著者のマイク・ベラフィオーレの場合は、朝五時にセントラルパークでループ運動をするという方法をとった。バンジョーを弾くことで、瞑想状態に入れる人もいる。本書の大部分は、私が教えてきたことや、自分に関する洞察を記してきた日記が基になっている。私は自分がだれで、どう見えるかということを恐れていない。何よりも、他人が私をどう思っていようと気にならないため、周囲からプレッシャーを受けることもない。そういう意味で、私に怖いものはない。私は自分が感情的な人間で、その感情によって動かされているということを自覚している。また、長年私のなかでくすぶっていた思い出したら汗が吹き出しそうになる昔の失敗をさっぱりと切り捨てた。今では、私の感情は私の一番の友人であり、味方であるし、自分の感情についてよく話題にもする。自分と対話する私を見て、みんなは私が率直だと言う。しかし、私は自分の感情について正直なだけだと思う。

感情について知り、自分自身を理解するということの感覚を高めていくことは、だれにでもできる。つまり、トレーディングで継続的に利益を上げていくために必要なものは、あなたの脳の中にあるということである。自分の行動とその理由を理解すればよいだけなのである。ただ、そのためには自分の思考体系自体やその根源にも疑問を投げかけなければならないときもあり、これは自分にとって恐ろしいことかもしれない。レオナルド・ダ・ビンチは、「ダビデはすでにこの大理石のなかにいる。私は大理石を削って彼を解き放すだけだ」と言っている。あなたも自分自身を解き放ってほしい。それには、だれの許可もいらない。自分で決めればよいだけである。

自分自身を理解することができると、トレーディングに対して新しい取り組み方ができるようになる。「マイケル・マーカスみたいにココアをトレードできるようになりたい」と言うのではなく、**「マイケル・マーカスが絶好調でトレードしているときの感情を経験してみたい」**と言えるようになるのである。そうなれば、ＭＢ

Aを持っていてもプロのトレーダーを目指すうえで必要な優位性や技能を持っていなかった理由が分かるだろう。

成功しているトレーダーは、仕掛ける前にどこで損切りするべきかを決めている。彼らは、損失が出たときに自分がどう感じるかを知っていて、それを容認している。どのような結果を思い浮かべると最も気分が良くなるのかと自問してみてほしい。プロはその答えを知っているからこそ、何をすべきかが分かっているのだ。トレーダーの仕事は、トレードする株に最も適した時間枠を探し、それと自分の感情やそのときのエネルギーレベル、資金額、レバレッジ、手仕舞いの条件などをうまく適合させることなのである。

トレーダーの人間性や感情は、指紋のように人によって違うものだ。だからこそ、素晴らしいオプショントレーダーでも商品先物のトレードが苦手だったりする。ウォーレン・バフェットが通貨トレードや商品トレードをしないのは自分にそれらが合っていないことを知っているためであり、賢くないからでも、資産クラスによってリスクが違うからでもない。

商品トレーダーのなかには、一般投資家が投資信託を買う場合よりも保守的にトレードする人もいる。例えば、あるトレーダーはレバレッジを掛けずにトレードを行っている。金を一枚トレードするためには、トレード口座に一四万ドルが必要になる。金一枚の丸代金とは、二〇一一年三月時点の金の価格（一オンス当たり約一四〇〇ドル）の一〇〇倍（一〇〇オンス分）が必要だからだ。COMEX（ニューヨーク商品取引所）の金先物の証拠金が約七〇〇〇ドルかかることを考えても、トレード口座の変動は最小限に抑えたいと思うだろう。レバレッジを掛けないでトレードしていればそれができるし、そのほうが感情的にしっくりくるトレーダーもいる。このレバレッジを掛けない方法と、トレード口座に二万ドルを入れてレバレッジを掛けてトレードする場合とを比べると、資産残高の上下動は驚くほど違い、残高の増減に伴ってトレーダーの感情も大きく変わる。私の経験では、「思いは具現するもの」という概念は意識下でも無意識下でも起こる。したがって、資産残高が大きく変動したときの感情の反応は、お金を儲ける可能性と同様に大きな目的となっているのである。

しかし、それがこの先物トレーダーのスタイルの一部であり、それこそが彼にとっては居心地が良いのである。彼は自分に合ったトレードをするために、レバレッジを掛けない。トレードやリスク管理をどのように行うかは、その人の性格によって決まる。そして、私たちはある種の人に魅力を感じるように、ある種の銘柄に魅力を感じる。とこ

表2.1　トレーディングにおける感情のバロメーター

可能なレバレッジ	保有期間	1日のエネルギーレベル	流動性	全体的な感情
1倍	1秒以下	低	低	脳死状態
2倍	1トレード当たり1ティック			なし
4倍	分単位			低エネルギー
10倍	日単位			冷静沈着
20倍	週単位	高		緊張状態
200倍	月単位	衝撃的	高	Xmasツリーの点灯並み

ろが、面白いことにあとで振り返って見ると、結果はどの株をどうトレードしたかは関係なく、その時点での技能やリスク管理やトレードした銘柄などのあらゆることからもたらされる感情によって決まっていることが分かる。長年にわたるパフォーマンスの差を生み出すのは、トレーダー自身の株や商品をトレードする技術ではなく、そのときの感情の状態によるのである。感情は子供のころから形成され、発達していく。親や家族といった身近な人たちからお金について学んだことが関係している場合も多い。

表2.1は、株式、オプション、商品先物、銀行間FXなどの特性をタイプ別に示している。あなたは、このなかのどれに魅力を感じるだろうか。この表は、行ごとではなく、列ごとに縦に読んでいってほしい。

私たちはみんな楽しいことを求めており、それはトレーダーも変わらない。また、とにかく大きな痛みを避けようとしているだけだと思うかもしれないが、だからこそプロのトレーダーは小さい損失を受け入れることができる。これは、トレーディングの初心者が必ずしも身につけているスキルではないが、必ず学んでいかなければならないスキルである。

自分の気質（短期的には一定の状態にある）に合わない金融商品をトレードしても、うまくはいかない。例えば、エネルギッシュでない人がレバレッジ二〇〇倍でデイトレードをすれば、悲惨な結果になりかねないし、トレード口座の残高の変動も大きくなるだろう。エド・スィコータいわく、「これはカーレースのデイトナ500ではなくてS&P五〇〇なんだ」。

例を使って詳しく説明しよう。

例えば、**『マーケットの魔術師』**（パンローリング）を読んで、あるトレーダーの哲学に共感したとする。これは頭で理解したことだが、それと実際のトレードをどこで仕掛けるかは別の問題だ。この先どうなるかは分からないが、なぜかとても興奮している――これは感情だ。

まずは、商品先物をトレードするために口座を開設し、一〇万ドルを入金する。これはあなたのお金だ。先物トレードは、株式トレードで使う現金の口座ではなく、すべて証拠金口座を通じて行われる。あなたは自称「自分のシステム」を持っている。実際には市販のシステムを頭で理解しているにすぎないが、ある程度はあなたのシステムと言ってよいだろう。このシステムには、金を一枚トレードした場合に損失を小さく抑えるための基本ルールが組み込まれている。トレードを始めて二週間、最初から五回連続で小さな損切りをしていて、まったく利が乗らなかった。損切りするたびにイライラが募っていく。金が上昇していることは分かっているのに——少なくともみんなそう言っている——利益は出ていない。しかし、もし損切りをしていなければ、損失はさらに大きくなっていただろう。心の中で、資金が二〇％も減っていないことを神様に感謝する。

しかし、六回目のトレードをなぜかなかなか仕掛けられない。最初の五回のトレードで連敗したせいか、コンピューターが指示を出しているのに、自分の感情が高圧電力につながれたように激しく揺れ動いている。あなたは、「システムが感情を静めてくれるのではないのか」とつぶやいてみたが、そうではなかったようだ。

このような経験をしているのは、あなただけではない。

次の二週間は、理由は分からないが一回のトレードで負けを取り戻し、結局最初の四週間で資金は一〇％増えた。やっていることはよく分からないが、とにかくトレードを続けている。

結局、短期的に見ればパフォーマンスはプラスで、トレーディングルールも機能しているように見える。これは良いシステムなのだろうか、それとも運が良かっただけなのだろうか。結果をまとめてみよう。

●十分なデータがないため、システムが良いのか運が良かっただけなのかを判断することはできない。短期的には運が良かっただけなのかもしれない。
●最初はトレーディングにハラハラドキドキ感を求めていた。
●さらにひどいことになる可能性もあったことを考えれば、小さく損切りしておいて良かった。今日までの結果にホッとしている。
●六回のトレードのうち正しかったのはわずか一回だった。勝率は二〇％にも満たない。これでは正しく正確なことをしたとは言い難く、恥ずかしい。
●負けトレードを素早く損切りしたことにホッとしているが、イライラもある。
●利益にはなったが、理由が分からないため戸惑っている。

●神に感謝したら、厳かな気分になった。トレーディングとは宗教とか宗教的な儀式に似ているかもしれない。
●始めたときよりも資金は増えている。そう思うと良い気分になる。
●損切りをすると、もう二度と利益を上げられないような気がして怖くなる。また、自分に対してもシステムに対しても自信を失って、次のシグナルで仕掛けるのが怖い。

前述の「思いは具現するもの」というところにおいて、トレーディングのもたらす感情が、利益と同じくらい目的化してしまっている。資金が一〇％増えたにもかかわらず、安心やイライラや戸惑いや興奮や恥ずかしさが、目的になってしまっているのである。

また、感情には順番がある。

●興奮
●安心
●恥ずかしさ
●さらなる安心

●イライラ
●戸惑い
●儀礼的親和性
●感謝と幸福

これらの感情が、あらゆる行動の裏側でわき上がっている。パソコンならば、「コントロール」と「オルト」と「デリート」のキーを同時に押すと、タスクマネジャーで現在起動しているすべてのプログラムを見ることができるが、人間も目に見えないところでさまざまな感情が渦巻いている。

もし自分の感情モデルが気に入らなければ、自分の行動やルールを変える必要がある。心を静めるためには、瞑想も大いに役立つ。楽しいのはここからだ。自分のシステムのルールが自分の感情にどのような意味を持つのかということをよく理解しなければ、システムが働くたびに、いつも同じような感情に襲われることになる。トレーディングトライブに入れば、自分の感情に見合ったトレーディングシステムに集中して取り組むことができる。それをしないかぎり、トレーディング中に起こる強い心の葛藤から逃れることはできない。トレーディングルールは「感情の発生装置」で、仕掛けや手仕舞いやポジションサイズの調整はこのシステムを動かすための触媒と考えることもできる。

さらに言えば、トレーディングシステムにテクニカル指標を加えたり減らしたりすれば、そこには必ず感情の変化があり、最終的な損益は偶発的なものでしかなくなる。トレーダーはキャリアを積んでいく過程で、トレーディングモデルとともに感情のシステムも発達させていかなければならない。感情のシステムは、あなたが気づいていようが気づいていまいが、休むことがないため、二つを分けることはできないのである。

トレーダーはトレーディングシステムに指標を加えていくことで、損失や不確実さを感情から取り除こうとする。少なくとも、テクニカル指標は不確実さからもたらされる葛藤を抑え込むために貼る絆創膏のような役割を果たしている。プロのトレーダーは不確実さを完全になくすことができないことを知っているため、それらとともに生きるすべを身につけている。彼らにできることは、すべての損失を少なく抑えることで、たった一回のトレードでこの仕事を辞めざるを得ないような状況を作り出すことではない。

自己資金をリスクにさらしたときほど自分の感情について分かる機会はない。必死でリスクを管理して損失を少なく抑えようとするからだ。バイ・アンド・ホールドで投資している人たちが、最も資金が必要なときに株式市場が暴落したり、ドローダウンが長引いたりしたら、どれほどのショックを受けるか想像してみてほしい。何が起こるか分からないのに、損失を少なく抑えようとしないのは、無謀としか言えない。老後の資金や教育費や親の介護などのために資金を増やそうと思っていたのかもしれないが、バイ・アンド・ホールドのような超長期の時間枠で何が起こるかを正確に予想できる人などいない。

トレーダーとして成長することには、将来起こることや努力したことに対して、どうすることもできないことが起こりうるというのを認められるようになることが含まれている。思い描いていた結果と、実際にトレードやリスク管理をした結果との隔たりについて、人はどうすることもできないのだ。しかし、これらを認めることは想像するよりはるかに難しい。「自分が分かっていないということを、認識している」と言うのは簡単だが、頭では分かっていても実際にそのことをＥＱや自分自身を理解することと適合させるのはとても難しいのだ。頭では理解できても、さまざまな情報が入ってくると、トレーディングがもたらす感情の学習曲線から逃れることはできない。そこで、トレーダーにとって最も欠くべからざる特徴でありパーソナリティーとは、負けを認めることということになるのである。

第3章「私が払った授業料」では、私自身の学習曲線を紹介している。私の能力と負けを認めようとする姿勢は、自分の成長を示す素晴らしい「指標」となってきた。今の私は、どのトレードの結果（あるいは人生におけるどのような出来事）にも感情移入をしすぎることはない。間違いは起こるし、その多くに対して私たちはどうすることもできないからだ。

もしバートン・ビッグスやアル・ハリソンのファンダメンタルズ分析がものすごく間違っていたとしても、あるいはバーナード・マドフやフィリップ・ベネット（レフコの元ＣＥＯ）が優れた会計事務所や非公開株ファンドをだますことができたとしても、あなたが全知全能のマーケットを出し抜くことなどできるだろうか。そんなことはできやしないのだ。

どのようなときでも頼りになる唯一の「人」である内なる声は、自分の感情をトレーディングルールと適合させ、トレード結果と感情を組み合わせることでしか成長を促すことはできない。しかし、それができれば感情システムとトレーディングシステムを連携させることができる。

カギとなるのは、仕掛ける前にどこで手仕舞うかを決めておくことで、これは生き残るためには大変重要だ。資金が足りないときに追い込まれて判断を下さなければならなければ、いずれ血を流すことになる。ジョナ・レーラーは以前、「間違ったタイミングで考えすぎると、感情という知恵から自分を切り離すことになるが、そのほうが実際の選択を見極めるのには都合がよい。自分が本当に欲しいものを知る能力が失われるからだ」と語っている（ジョナ・レーラー著『一流のプロは「感情脳」で決断する』［アスペクト］）。

トレードの目的は利益だけではない。自分の感情を満たすということが最終のゴールならば、自分自身について研究して自分が何を求めているのかを見極めるのがよいだろう。このような場合は、ヨガや瞑想やトレーディングトライブが役に立つ。まずは自分の感情の動きに従うことが大事で、利益や損失は偶発的な症状（風邪を引いたときの鼻水のようなもの）にすぎない。

成功しているトレーダーは、負けトレードを素早く損切りするためにタイミングを計っている。もちろんこれはテレビなどで散々言われている「マーケットタイミングを計ってもうまくいかない」という教えとは矛盾している。こう言うと、あなたは混乱してますますイライラするだろう。それではだれの言うことを信じればよいのだろうか。そこで、メンターやコーチの助けを借りながら、自分の感覚を信じて物事を素直に見るということを始めてほしい。そうすれば、自分ができることとできないことを、自分自身で判断できるようになる。

もし今のあなたが失敗を認めることができないとしたら、そういうあなたのエゴと裏づけのない希望が負けトレードを長く保有し続けさせることになると考えてほしい。

正しくなければならないという考えが、トレードを投資に変えてしまう。不本意と後悔で破綻したトレーダーのほうが、まれな出来事で消えていくトレーダーよりも多いのである。

コーチングのヒント　今日、損が少ないうちに損切りしなければ、明日はすべての資金をなくすか、トレーダーを辞めることになるかもしれないリスクにさらされる。失敗を認めることは、あきらめることでも、トレーダーを辞めることでも、トレードという戦いに負けることでもない。ただ単に、ポジションが逆行するあらゆる可能性を、一トレーダーにすぎない自分などが知ることはできないという事実を認め、短期間に出た小さい損失を喜んで受け入れたにすぎない。自分が間違っていたことは分かっている。そのポジションで資金を失ったのだから。しかし、トレードをし続けるためには、負けを認めて自分の気持ちと折り合いをつけなければならないのである。負けを認めることはあなたを助けることにもなるので、あなたがしなければならないのはそういうことなのである。

最も成功しているトレーダーは、エゴを捨ててどんなトレンドでもその強さを知ろうとはせず、気持ちを静めて自分の内なる声に従う。彼らは自分の地位や自尊心にとらわれたりはしない。そして、マーケットに情熱を注ぎ、「損失を小さく抑えておかないかぎり、利益が本当の利益にはならない」ということを忘れない。これができる人は世界中見渡してもほとんどいないが、何十年もプロとして資金運用を続けてきた人たちは、最高の防御策としてある程度これができている。だからこそ、彼らはＣＮＢＣで最新の推奨銘柄を紹介したりしない。彼らが成功したのは、正しい銘柄選択をしたからではないからだ。

負けを認めるということは、マーケットでは理解できないようなさまざまな出来事が起こるということを知ることでもある。負けを認めるということは、明日もトレードできるということで、それはあなたにまだ資力が残っているということでもある。負けを認めるということは、いったん立ち止まって自分の気持ちや感情に耳を傾け、それを受け入れることでもある。そのときの感情はそのときの自分自身をもっともよく教えてくれるものだからだ。自分の内なる声が持っている無限の知恵は、本やテレビ番組やトレーディングの講習会で見つかるものではない。しかし、ヨガのクラスや瞑想や静かな運動などをすれば見つかるかもしれない。

もしかしたら、あなたは「勝者はけっしてあきらめない、あきらめたら終わりだ」という古い格言に固執しているのではないだろうか。しかし、私が学んだり、相談に乗ってもらったりしたトレーダーの全員が、ときにはトレーディングから離れて立て直しを図っていた。この時間は、研究休暇のようなものだと思ってほしい。**勝者はけっしてあきらめないが、トレーディングの場合はあきらめたほうがより多くの資金を残すことができる。というのも、連敗から抜け出す一番手っ取り早いやり方はトレーディングを休むということだからだ。**

自分の感情を刺激しているのが何なのかを知れば、自分で自分の相談に乗ることができるようになる。それができれば、自分の感情を良いとか悪いとか決めつけなくても判断を下すことができるようになる。**自分自身について教えてくれるという意味で、すべての感情は役に立つ。**そして、その教えに耳を傾ければ、感情は敵ではなく味方になってくれる。これからは、きっと「負けを認める」という言葉があなたの好きな言葉になるだろう。

第3章

私が払った授業料

私の内なる声がそのレベルを上げてきたのは、損失という形で、たっぷりと授業料を支払ってきたからだ。人は損失から多くのことを学ぶものである。その意味では、勝ちトレードはエゴを増大させる以外の何ものでもない。

もし「あなたの知的水準を教えてほしい」と聞かれたら、あなたは「平均以上」と答えるかもしれない。このように答えることは、測定可能な根拠が何もなくても気分が良いものだ。私もそう答えるだろう。ただ、現在の私には、リンクトインの推薦文や、学部長の推薦状、生徒が付けたプラスの評定などといったいわゆる「社会的証明」がある。それに、私は自分が資金をすぐに使い果たしてしまったり、愚かなことをしたりすることを自覚している。ちなみにトレーダーとして、私の内なる声を最もよく表しているのが損益計算書である。

私はトレーディングを始めてすぐに、明らかに「平均以上」とは思えない間違いをいくつか犯した。しかし、今ではこれらの間違いを初心者が避けるべきこととして生徒たちに教えている。今考えれば、これらは実におかしな間違いだが、当時はそれが分からなかった。

まずは次のような簡単な間違いは絶対に避けてほしい。

●トレードのしすぎ
●レバレッジの掛けすぎ

もしこの二つを避けることができれば、破綻せずに長くトレードを続けることができる。トレードを続けることができなければ、それでおしまいである。資金も、証拠金も、仕事も失えば、たくさんの言い訳しか残らない。

私がトレーディングを始めたとき、ＥＴＮ（上場投資証券）やＥＴＦ（上場投資信託）やインターネット銘柄はまだ存在していなかった。トレードしていたのは優良株、ハイテク銘柄、商品先物などで、これらのオプションもトレードしていた。インテル（ＩＮＴＣ）やマイクロソフト（ＭＳＦＴ）は、当時もナスダック総合指数に大きな影響力を持っていたが、まだダウ平均の構成銘柄になるほどではなかった。ハイテクセクターに有力銘柄が少なかった当時は、ウィンドウズのマイクロソフトと、半導体の最先端を走るインテルのいわゆる「Ｗ－インテル」を中心にトレードするしかなかった。

決算発表の時期になり、インテルの一株当たり利益の発表が近づいていた。私は、インテルがこの何週間か狭い値幅で推移していたことから、増益ならば株価は大幅に上昇するだろうと考えていた。当時のインテルの株価は約七〇ドルで、上がると思えるときにトレーダーができることはいくつかあった。私は自分の資金の大部分を長期間固定したくなかったため、オプションを使うことにした。株を買えば七万ドル必要なポジションを、オプションならば四〇〇〇ドルですむ。**私は自分の会社や他社が発表したすべての分析資料を読み、これはいけると思った。**当時は、インターネットで決算情報を得ることはできないし、ＳｔｏｃｋＴｗｉｔｓのようにネットで情報交換する場もなかった。頼れるのは調査報告だけだった。噂には、悪意が含まれていたり、間違いや作為的だったりしたことが多かったからだ。

インテルの収益として流されていた数字は、いわゆるインサイダー情報と言われていた。これらの噂には根拠がないのに、噂を流している連中はインサイダー情報を握っているとか、企業が低めの数字を流して実際の決算結果がウォール街の予想を一株当たり何セントか上回るよう画策しているという情報を握っているような雰囲気をかもし出していた。当時の私は無知で、自信満々に噂を流す連中を疑うことなど考えもせず、彼らがそれを政治的に利用したり、人々の関心を引いたり、詐欺に利用したりしていることに気づきもしなかった。むしろ、自分も噂を知り得たひとりになったつもりだったが、それは損失を小さく抑える役には立たなかった。

また、私はインテルが株を分割するのではないかとも思っていた。株価が、過去に分割したときと同じ水準になっていたからだ。企業が株を分割する唯一の理由は、一取引単位（一〇〇株）の価格を下げて買いやすくするためで、分割が発表されると株価が急騰する傾向があることに私は気づいていた。

私は決算発表日の一〇日前に、七〇ドルのコールオプション（インテル株を一株七〇ドルで買う権利）を一ドル五〇セントで買っていた。幸い、この一〇日間に株価は上昇し、発表日の前日にはコールオプションの価格が三ドルになっていた。まだ発表もされていないのに、プレミアム価格が一〇〇％も上昇していたのだ。

そして決算発表の日が来た。マーケットが引けたあと、私は静かにニュースを待った。このときの私は、一〇〇％の含み益がもっと増えて、資金は何倍になるだろうかと思っていた。当時は時間外取引と言えばインスティネット（インスティチューショナル・ネットワーク）だけで、ＥＣＮ（電子証券取引ネットワーク）のたぐいはまだなかった。発表された数字は、ウォール街の予想よりもかなり高く、ディーラーたちは電話に飛びついて価格を聞いていた。私は、知り合いのディーラーと一緒に電話会議を聞いていたが、アナリストがインスティネットでインテルが七ドル上昇していることや、一対二の株式分割の発表があったことを話していた。

私は、翌朝の寄り付きのにぎわいを想像し、予想を上回る決算内容や、インスティネットの株価の急上昇や、株式分割などに一晩中思いをはせていた。なんて素晴らしいのだろう。私は友人や顧客に次々と電話を掛け、「どこまで上げるかだれにも分からない」などと語ったのを覚えている。ところが、私が含み益が投資額の約一〇倍になったと浮かれている間に、みんなはインスティネットで夜のうちに手仕舞っていたのだ。翌朝、私はいつもより早目に出社した。今回の勝利に祝杯をあげ、その朝の展開を楽しみたかった。この日の雰囲気を味わい、出社してくるみんなとともに喜びたかった。今日は素晴らしい日になるだろう。これからインテルの好材料に欧米の投資家のみんなが気づくことになるが、私には含み益があり、感情的な下げに見舞われる余地はあまりない。

当時は、夜間取引の株価の動きを見る方法がなく、分かるのは前日の終値だけだった。株式分割や予想を上回る好決算結果や前向きの発表は、それまでインテル株を買ったことがない個人投資家の注目を集めるに違いないと思っていた。もうここまで来ると想像がつくと思うが、私には明確な手仕舞いの計画がなかった。一方、プロのトレーダーは決算発表のあと、翌朝の個人投資家の買いを見越してインスティネットで売っていたのである。

そのとき、私は映画「エクソシスト」のリンダ・ブレアがベッドで十字架を握って叫ぶ声を聞いた。何か訳の分からないことが起こっている。株価テープの動きが変だ。あと一〇ドル上がった場合の利益を計算しようと思っていたのに、七ドル上げたところで止まっているように見える。このときの私は、まだ気持ち的にも資金的にも舞い上がっていて、いくらになったら売るのか決めていなかった。そのとき、株価テープが売りの大きな波が押し寄せているのを伝え始め、あっという間に昨夜の含み益をすべて押し流していった。あまりの衝撃に息もできない。このようなとき、初心者はみんな同じことをする。私もその例に漏れず、一階にタバコを吸いに行った。

このことで、私はプロのトレーダー（賢い内なる声を持ち、「平均以上」の私たちよりも頭が良い連中）がこのポジションをずっと買い集めてきたことと、同じチャートを私よりもかなり長い期間観察していたことを知った。株価は上で寄り付いたが、彼らは強いうちに売って、さらなる利益を確保する戦略を持っていた。すべてを利食ったあとに安くなれば、買い直そうと思っていた。一方の私は手仕舞いの戦略すら持っておらず、自分が優秀だと浮かれていた。それまでの私は、自信にかまけて惰性でトレードしていた。**手仕舞い戦略を明確に決めておかなかったことで、不注意にもオプションのポジションを持つ投資家と同じ状態になっていたのだった。**

それでも手仕舞ったときに一〇〇％の利益は確保できたが、私は二等賞の「ステーキナイフセット」が当たった気分だった。一等賞のキャデラックを当てたのは天井で売ったプロの連中で、きっと今ごろは内なる声に感謝しているのだろう。私の自分との対話は、彼らとはずいぶん違った。「こんな失敗は二度としない。次にこんなチャンスがあればすぐに動けるように、常に準備を整えておこう。利食ったあとにその資金をどうすべきかも考えておくのだ。それにしても何て間抜けだったのだろう」。私は本当に間抜けだった。

状況は、前日とは一八〇度変わっていた。一時は資金が約一〇倍に増えていたのに、最終的にはわずか二倍にしかならなかったのだ。私にとって、手仕舞い方が悪くてうまく利食えなかったこのトレードは失敗だった。激減した含み益を前に、私の自意識は壊滅的な打撃を受けた。どうすべきかは分かっていたのに、トレーダーとして未熟なエゴと感情によって自滅したのだ。帰り道のセントラルパークで、私はポエッツウォークにあるベンチに座りこんでしまった。このときの気分を、のちにピーター・ボリッシュが「公園のベンチの日」と表現している。最悪だったのは、このトレードについてみんなの期待をふくらませてしまったことだった。実際には発表前と状況が変わっていないことを伝えなければならない。みんなは資金が二倍になったと喜んでいたが、私は屈辱感にさいなまれていた。

　これまでで最も高くついた間違いは、一九九〇年代初めに犯したが、これには笑える点もある。このころ、アメリカの穀倉地帯が猛暑に襲われていた。この地域には、ＣＢＯＴ（シカゴ商品取引所）で取引されている小麦を栽培している多くの州がある。小麦は大豆にくらべてはるかに脆弱で、高湿度に長くさらされると病気に感染するし、高温や乾燥や干ばつならば枯れてしまう。

　七月四日の独立記念日の週末まであと二週間というころ、厳しい暑さがまだ続いていた。私はすべての商品先物口座でさほど大きな額ではないが、小麦を買っていた。使い物にならない小麦がＣＢＯＴの床いっぱいに積み上がるのではないかという恐れが広がるなか、私の含み益は夢のようにふくらんでいた。そして、独立記念日の週末を控えた金曜日、小麦は暴落すると確信していた。フロアトレーダーのほとんどが、週末の前に利食うと思っていたからだ。みんなが小麦を買っていた。もし週末にほんの少しでも雨が降るか気温が下がれば、ストップ安まで下げるに違いない。この二週間で、小麦は約八〇セント（一枚当たり四〇〇〇ドル）上がり、私はある程度利食っていた。あとはフロアトレーダーたちがどう動くかだ。そこで、私はマンハッタンの自分の席からシカゴのトレーダーたちの動きを見守っていた。

取引終了前の三〇分に売りが殺到するのは間違いないのだから、ここは空売りすべきだと私は決心した。下げ圧力に少なくとも五～一〇セントくらいは貢献できるだろう。この時点では、買う気のある人はみんなすでに買っているに決まっている。不確定要素が多い週末を前にこれから買う人はいないはずだ。もしフロアトレーダーの一人が売ったら、それをきっかけに売り一色になるだろう。

私は、この空売りのリスクを二セントと決めたが、売りに転じれば五～一〇セントの利益が見込めると思っていた。そこで、取引終了の三〇分前にフロアトレーダーに電話を掛け、小麦七月限を五万ブッシェル売った。ところがそのあと何も起こらなかった。売りは起こらなかったのだ。

小麦市場も、ほかのすべての商品市場も生きている。市場でトレードされている小麦全部がその脈であり、生命の兆候だが、そこではその限月だけではなく、すべての限月で取引が行われていた。私もやっとそのことを学ぶときがきた。フロアトレーダーたちが期先を売っていたことに、私は気づいていなかったのだ。このとき彼らは七月限をヘッジするために一二月限を空売りしていたため、七月限は下がらなかったのだ。彼らは、私のすぐ目の前で、私の売っていた限月とは違う限月を激しく売っていたのだ。彼らのポートフォリオには、七月限の買いと一二月限の空売りという二つのポジションがあった（空売りでは価格が下がると利益が上がる。プロのトレーダーのシナリオでは、七月限を買うのと同時に、週末の不測の事態に備えて一二月限を空売りして、損失が発生しても相殺できるようにしていた。この戦略ならば、七月限の買いのみを保有した場合に起こる大きな損失を避けることができる）。

私は、素早く一〇セントの利益を上げることに夢中になって期近だけを見ていたため、小麦市場全体の状況を見ていなかった（期近とは納会が最も近い限月のことで、期先とは納会まで何カ月も余裕のある限月のこと）。取引終了までであと六分の時点で、私の戦略はうまくいっていなかった。損失を出していたわけではないが、サウス・ストリート・シーポートのビールのほうが、ＣＢＯＴの小麦よりもはるかによく売れていた。私は顧客に「動きがないから手仕舞って来週また仕掛けましょう」と伝え、顧客も賛成した。取引終了まであと五分しかない。私は反対の耳に当てた受話器で、小麦トレーダーに「七月限五〇枚売り」と注文を出すと、「売った」という叫び声が返ってきた。その次の瞬間、頭の中に漫画の場面がよみがえった。ワイリー・コヨーテがロードランナーを爆破しようと手榴弾のピンを抜いたら、それが手にひっかかって投げられない。コヨーテは一言、「素晴らしい」。そして、次の瞬間、手榴弾がもうすぐ爆発するのに気づき、実際にそうなった。私が注文を出したのは五万ブッシェルの売り注文を手仕舞う「買い戻し注文」ではなかったことに気がついた。取引終了五分前にもう一度新規に売って、売りポジションを一〇万ブッシェルにしてしまったのである。

痛みを最小限に抑えるには、トレーダーに電話して間違った注文をキャンセルすべきだが、それはできないことになっていた。キャンセルするためには、事務部門の責任者を通じてこのトレードを会社の事故勘定に記録し、そこで相殺しなければならないが、その間にも取引終了時間は刻々と迫っていた。私は事務方のところまで全力で走ることにした。

自分の席を飛び出し、角を曲がってトイレの前を駆け抜け、事務部門のドアの前まで着いたとき、ちょうど死角になったところを男性が歩いていた。私は彼に、「アサシン」（暗殺者）の異名で知られたオークランド・レイダーズの故ジャック・テイタムを彷彿させるタックルをしてしまった。しかし、フォレストガンプの冒頭の鳥の羽根のシーンのように舞い散る書類を気にしている暇はない。

私は事務方の机までたどり着いた。目指す人物は、窓に背を向け、タバコを吸いながら電話で話をしていた。私は防弾ガラスの窓をたたくと、彼女は窓を開けてこう言った。「娘がボーイフレンドと別れたみたいなの。すぐ終わるから待ってね、バブス」。バブスだって。**私は自称「偉大な穀物トレーダー」からデビッド・リンチ監督の映画のキャストに変わったような気がした。私の人生は、五分弱でツイン・ピークスの一シーンに凝縮されたのだ。**

それからすべての手続きを終え、最終的には一二〇〇ドルの費用がかかった。このなかには、間違ったトレードに対する手数料も含まれていた。顧客には、間違った時点の価格で空売りを買い戻すトレードを記載し、事故口座に計上した会社の損失を賠償しなければならない。

　この一二〇〇ドルは、重要な教訓を得るための授業料となった。二番目の新規の売りは、注文書を書いてから顧客に確認し、現在のポジションを確認したあとでトレーダーに伝えなければならなかった。この二週間はトレーディングが好調で、自信過剰になっていた。自信過剰は技術的な問題ではなく、感情的な問題である。このようなときは、いったん手仕舞って、半日休むべきなのである。面白い本でも読みながら、スプリングレークまで列車の旅でもすべきだったのだ。しかし、この話はここからが面白くなる。

この日、私はたまたま支店の「日替わり担当ブローカー」だった。既存の顧客以外の価格の問い合わせに応じたり、入手困難な株の目論見書の請求に対応したりする役目である。私が入口でタックルした男性も新規の顧客で、私が対応することになった。のちに彼とはとても親しくなり、最終的には一六もの口座を開設して上場株や店頭株などで多いに利益を上げた。ただし、そのなかに小麦先物は含まれていなかった。

　経験談には会社のファンダメンタルズ分析ならぬファニーメンタル分析の話も欠かせない。私の勤めていた会社にはジョナサン・コーエンという才能あふれるアナリストがいて、特殊状況を担当していた。私が彼を知る前年、彼の推奨銘柄は約一〇五%上昇したということだった。ウォール街らしい話だ。

　私は支店内でコーエンに何度か会ったことがあったし、頭が良いうえに評判も良く、好印象を持っていた。このエピソードでは私がリスクの処理を誤り、それが私の内なる声にどのような影響を与えたかを紹介したい。コーエンの仕事は企業の分析と調査で、彼の推奨銘柄のひとつに、彼が医薬品開発の「民族植物学的手法」と呼ぶ分野に関係するものがあった。**スタンフォード大学出の博士たち数十人がアマゾンの熱帯雨林に行き、原住民の呪術医の治療方法を聞き出すのである。**シャーマン・ファーマスーティカルズは、呪術医と組んで新薬を開発しようとしていた。コーエンか、のちに同社の社長になったリサ・コントのどちらかが、「アスピリンだってこうして見つけた」とも言っていた。これは素晴らしい方法に見えるが、社会的な責任もある。しかし、私は「フェアトレード」（途上国の支援を目指した適正な報酬での取引）によるコーヒーと同様、新薬を発見する過程を「共有」するという概念が気に入っていた。ただ、この気持ちは、トレーディングとは何の関係もない。

　また、シャーマンが発売している薬のなかには、陰部ヘルペス用の軟膏もあった。この薬は、レベル2の研究段階ではヘルペスの痛みを和らげる効果が認められていた。ところが、臨床試験のフェーズ3でそれが認められなかったことが伝えられると、同社の株は暴落し、私のポジションの価値も半減した。ただ、同社はこれとはまったく別の病気についてプロビルとビレンドという二つの有望な新薬も開発していたため、価値がゼロになったわけではなかった。しかし、結局はどちらもうまくいかず、コーエンの強気にもかかわらず、株価は低迷した。六～七ドルで買っていたのに、株価は約三ドルに下がってしまったのだ。私は、お酒も飲んでいないのに一晩中吐き気がして、もうすぐ子供が生まれる父親のようにそわそわしていた。「顧客は私を信じてお金を託してくれているのに、なぜこんなことになるのか。買った株が五〇％も下げるならば、顧客は私に頼む意味はない。私はどんな付加価値を顧客に提供できるのだろうか。また、これからも私を信頼してもらえるのだろうか。私にとってこれは完全な失敗に終わった」

その夜、価値が半分になった株がさらに下がるのではないかという思いに、私の神経はズタズタになった。商品先物トレードの経験は積んできたが、株でそんなことが起こるなんてだれも教えてくれなかった。そして翌朝はさらに最悪だった。**他人のお金を扱うときの第一のルールは、悪いニュースがあれば真っ先に伝えることである。**もし任せてくださいとしか言えなければ、尊敬を勝ち得ることはできない。

顧客が、ジム・クレーマーやドン・ドーフマンの番組で知る前に、何としても伝えておかなければならない。

このときの唯一の救いは、最初に取ったポジションが運用資金全体の五％を超えていないことだった。その意味では、私は自分に厳しすぎたのかもしれない。四〇％の下落で運用資金の百パーセントを失うような状況ではけっしてなかったのだ。しかし、他人が私を信じて資金を託してくれたのならば、そのお金は新生児のように大切に扱わなければならないと私は思っている。たとえすべてを失ってよい場合であっても、やはり残すことを考えるべきだし、それは自分のためでもある。

トーマス・エジソンは、成功への道を誤ったと言っていた。私も同じ気持ちだし、思い出してもあまり良い気分ではない。ただ、私は自分の思ったとおり実行した。だから、失敗を責める相手も成功を分かち合う相手もいない。すべては自分がしたことだ。エゴイストになったり、だれかを責めたりする余地はない。謙虚な気持ちがなければ、勝負は始める前に分かっている。トレーディングというレースには、技術的な上達よりもはるかに重要なことがあるということを理解しなければならない。

シャーマンについてもうひとつ言えば、認可や法律にかかわるリスクがある銘柄は、これ以降、トレードしていない。リスクが二元的（つまりイエスかノーか）の場合はオプションを利用するのが最善策で、リスクを明確にして損失を限定する唯一の手段だと思う。また、ボロ株をトレードしたのもこれが最後だった。これほど安い理由はただひとつ、だれもがその株を欲しがらないからだ。株式分割のせいにするのは間違っている。公開企業が、好調時や見通しが良い時期に二〇対一の分割をすることなどあり得ない。これはむしろ「これからの下落に注意」と考えるべきだろう。ボロ株の定義は五ドル以下の株だが、私は二〇ドル以下ならばボロ株と呼んでいる。五～二〇ドルの株は、ＬＥＡＰＳ（満期日までの残存期間が九カ月以上のオプション）を使ってトレードするのが最も適していると思う。

さらに、上場企業は社会的責任を負っているという考えが、私の感覚を鈍らせた。それ以来、このような感覚に基づいて投資をしたことはない。私がトレーディングをしているのは利益を上げるためであり、企業の戦略を判断したり審査したりするためではない。企業の方針に惑わされて堅実な調査やリスク管理を怠ってはならない。**株価は常に真実をあなたに伝えている。**社会的責任は、ＣＥＯ（最高経営責任者）や取締役会に任せて、トレーダーはリスクを管理しなければならない。ポートフォリオに、リスクとして定量化できない政治活動や政治的公正さを持ち込んではならないのである。

このときの大きな教訓のひとつは、ポジションサイズの重要性だった。シャーマンを手仕舞ったとき、思わず「助かった」と叫んだのを覚えている。このトレードは、ポジションが大きくなかったことが幸いした。いくつかの間違いは犯したが、これについては良かったと思った。適正なポジションサイズに関しては、何年か後に商品先物トレードで再び同じ思いを経験することになる。二〇〇三年末に狂牛病のニュースが流れたとき、私は生牛のトレードをしていた。狂牛病は、正式には牛海綿状脳症（ＢＳＥ）という牛の致死性の神経変性病である。このとき、ほとんどのトレンドフォロワーと同様、私も生牛を買っていた。**図3.1**は、その当時（二〇〇四年二月）の生牛のチャートである。

画面中央の点々は、プリンターの調子が悪かったわけではなく、連日のストップ安を示している。これは、商品取引所が定める値幅制限いっぱいまで値下がりした状態で、こうなるとポジションを手仕舞うことができないため、そのまま保有するしかない。私は買っていたので、正しくリスク管理をすれば手仕舞うべきところだったが、ストップ安でそれができなかったのだ。このような状態があと何日続くのかも分からない。商

図 3.1　狂牛病が生牛相場に与えた影響（日足）

出所＝ FutureSource.com

品先物トレードをするのならば、このようなことが起こり得ることを知っておかなければならない。私が狂牛病による混乱を生き延びることができたのは、ポジションが小さかったため、数日間ストップ安が続いても何とか耐えることができたからだ。ポジションが小さければ利益も小さいが、予想外のことが起こった場合の損失も抑えることができる。シャーマンでの教訓があったおかげで、私は狂牛病に対処する気持ちの準備ができていた。これが私の最高の内なる声であった。

第4章

二人のトレーダーの進んできた道

『マーケットの魔術師』（パンローリング）は、並はずれた成功を収めたトレーダーたちの話を詳しく紹介した本で、彼らは新人トレーダーにとってヒーローと言ってよい。各インタビューには、学ぶべきテクニカル分析の例も掲載されている。私も、この本を繰り返し読み、何百回となく参考にしてきた。

『マーケットの魔術師』や、続編の**『新マーケットの魔術師』**（パンローリング）に登場する人たちは、トレーディングで生き延びた数少ない人たちと言ってもよい。彼らの多くは、技術的な失敗や感情的な失敗から学んで自分の内なる声を発展させてこなければ、マーケットの魔術師と呼ばれることもなかっただろう。運も名声もない投資家とマーケットの魔術師たちの違いは、失敗からどう立ち直ったかにある。統計学者によれば、一〇〇〇人のトレーダーを集めて、トップ一四人をピックアップすれば、本が書けるという。しかし、彼らが自分で内なる声を発展させてきたのならば、運や偶然については再検証してみる必要がある。もし彼らがトップトレーダーになるのに内なる声を育ててきたことが決定的な要因だったのならば（思いは具現するもの）、マーケットの魔術師たちは自分の運命を自分で決めたことになる。彼らはけっして偶然成功したわけではないのだ。

もし『マーケットの魔術師』を彼らの感情という視点で書き直しをすれば、かなり違った感じになるだろうが、それでも十分読み応えはあると思う。おそらく、感情面において次のような話から教訓を得ることができるだろう。

●母親から何度か資金を借りているトレーダーは、失敗した苦しみから逃れるために精神安定剤を飲まなければやっていけなかった。
●一匹狼的な綿花のトレーダーがマーケットで見栄を張って一度のトレードで資金の九〇％を失った。
●メディア嫌いの音楽愛好家は初心者なのに、マーケットで利口ぶって資金の五〇％を失った。
●エンジニアが新しいシステムトレードのルールを開発したが、それを一貫してやり通すことができなかった。

彼らはみんな感情的な苦しみを経験し、損失という形で高い授業料を払ってきた。これはみんなが通る道であり、プロのトレーダーになるつもりならば、それを避けて通ることはできない。内なる声はそこから育っていくのである。

魔術師たちのエピソードは、資金がゼロやマイナスになりかねない状態に陥り、後戻りできない状況を乗り越えたときの感情的な経験から生まれている。彼らのほとんどが、資産の激しい上下動や五〇％以上のドローダウンに見舞われており、その経験はプロになるための最低条件なのではないかとさえ思えてくる（ドローダウンは、実現損と含み損を合わせてトレード口座の残高が減った額。例えば、口座資金が五万ドルから一〇万八〇〇〇ドルに増えたあとで七万ドルになれば、ドローダウンは三万八〇〇〇ドル）。

マイケル・マーカスは、コモディティー・コーポレーションの最高の商品トレーダーとしてよく知られている。世界一の商品トレーダーと言っても過言ではないだろう。一九七〇年代から一九八〇年代初めにかけて、マーカスはコモディティー・コーポレーションのトレーダーとして常に一〇〇％を超えるリターンを上げ、ときにはそれが一〇〇〇％に達することもあった。彼は、ＣＢＷＬヘイデン・ストーンでファンダメンタルズアナリストとして勤務したあとにトレーダーへと転身した。ただ、彼がもし感情面を「成長させた」いくつかのトレードを乗り越えてこなかったならば、トレーディングの教祖になることもなかっただろう。彼の言葉を借りれば、「当時のマーケットは可能性がいっぱいあって、多くの間違いを犯しても、まだ儲ける余地がありました」（『マーケットの魔術師』）。しかし、マーケットが過熱すると可能性は少なくなった。そのときから間違いが資金面だけでなく、感情面にも打撃を与えるようになり、ある間違いがマーカスを大きく傷つけた。

マーカスによれば、商品相場も一九七〇年代に高まったインフレ圧力にさらされたという。

すべてが値上がりしていました。トレーディングはうまくいっていましたが、ひとつ大きな間違いを犯してしまいました。大豆の大きな強気相場で価格が三・二五ドルから一二ドル近くまで上昇したとき、私は衝動的に利食ってすべてを手仕舞ったのです。このときの私は、トレンドに乗るよりも何か気まぐれなことがしたくなっていました。エド・スィコータならば、トレンドが変わらないかぎりけっして手仕舞ったりしないでしょう。結局、エドはそのあともトレンドに乗り続け、私は大豆が一二日間連続でストップ高を付けるのをただ眺めるという苦しみを味わいました。負けず嫌いの私は、毎朝出勤するとエドはマーケットの中にいるのに自分は外にいるのだと思わずにはいられませんでした。そして、大豆が今日もストップ高（一日の値幅制限いっぱいに値上がりして、大豆の取引を停止すると、それ以降は買うことができなくなる）を付けて自分は仕掛けられないと思うと、職場に行くのが嫌になりました（『マーケットの魔術師』）。

この本のインタビューのなかで、マーカスは子供のころの辛い経験がトラウマになったことをいくつか紹介している。彼は、小さいころから精神的に自立せざるを得なかったという。彼が一〇歳のときに父親がガンにかかり治療を始めたが、父親は自分の気持ちを息子に話すことはなかった。結局、五年間の自宅療養ののちに父親は亡くなったが、最後まで自分がガンであることを認めなかったため、最後の別れの言葉もなかった。父親は自分のことで手いっぱいだったのだ。会社には行っていたが、そこで体力を使い果たし、夜や週末に家族のために使うエネルギーはもう残っていなかった。「昔は週末にタッチフットボールや野球など、いろんなことをしてくれたのに、病気になってからは何もせず、話すらしなくなりました」。父親はマーカスが一五歳のときに亡くなり、母親も子育てに関心を失ったため、マーカスには精神的なサポートをしてくれる親がいなくなった。家庭生活に寂しさを感じていた彼にとっては、学校で良い生徒として過ごすことが唯一の救いだった。

奨学金を受けて高校に通っていたマーカスは、成績優秀でジョンズ・ホプキンス大学に合格した。彼は、「信じられないくらい素晴らしい生徒だった」が、それでも高校時代は能力全開というわけではなかったという。

彼の弟子で元同僚でもあるブルース・コフナーにも言えることだが、マーカスは、高い知性とともに、一番優秀な学生であることに高いプライドを持っていた。彼は、図書館に何日もこもるのが好きで、**「ほとんど図書館に住んでいました。郵便の受け取りをそこにしようかと思ったほどです。寮には入っていましたが、そこに帰るのは土曜日だけで、あとはずっと図書館か教室にいました」**。

マーカスは、感情の赴くままに知識をむさぼって取り込んでいた。「私は素晴らしい本から学ぶことに興奮していました。読むことは学生の特権だと思っていましたし、最高の気分でした」。授業は必修科目以外もたくさん受講して、三つの専攻の単位をほぼ満たしていた。「私は教養学専攻でしたが、あと一単位取れば英文学専攻や哲学専攻の基準を満たし、あと一単位か二単位で心理学の単位も取れました。私はこの三つの分野を集中的に勉強しました」

当然のことながら、講義の途中で教授と議論になることも多く、彼が心理学で博士号を修得するつもりだったクラーク大学（マサチューセッツ州ウォーチェスター）での授業はしばしば中断した。ちなみに、彼はこの間に州兵としての義務も終えている。

マーカスがトレーディングを始めたのはジョンズ・ホプキンス大学を卒業した直後の一九七〇年で、チェスター・ケルトナー・レターというニュースレターがきっかけだった。彼は、勉強と同様にトレーディングも熱心に学んだ。最初につぎ込んだバル・ミツバ（ユダヤ教の成人式）の一〇〇〇ドルは使い果たしたが、生命保険を解約して手に入れた三〇〇〇ドルはクラーク大学大学院の一学期が始まるまでに一〇倍の三万ドルに増やしていた。これについて彼は次のように言っている。

私は、博士号の研究よりも自分のポジションにすっかりとりつかれていました。ジョンズ・ホプキンス大学では勉強が楽しくて、それが生きがいになっていたのに、大学院では勉強に興味を失っていたことも気がかりでした。勉強に夢中になるということがどういうことか私にはよく分かっていましたが、このときの気持ちは明らかに違ったのです。私の頭の中は、自分のポジションとウォーチェスターの証券会社に相場を見に行くことでいっぱいでした。

優秀な生徒が、頭でマーケットを理解しようとするのは自然なことだ。マーカスにとって、自分がクラスのだれよりもいつも正しくいることが当たり前だった。学年では常に一位か二位で、全米優等学生友愛会の会員にも推挙された彼にとって、彼の知性を証明するためにトレーディングは征服すべき次の目標にすぎなかった。しかし、その前に手痛い経験を味わった。

マーカスは一九七一年にウォーチェスターからニューヨーク市に引っ越した。「すべてを失い、母からも兄弟からもガールフレンドからもお金を借りていました。一文無しで仕事を探しているとき、パークアベニューで『仕事探しのためのセミナー開催中』という看板が目に入りました」。中に入ってみると、作家のオースティン・マーシャルが開催する「今より良い仕事に就く方法」というセミナーで、採用責任者から見た採用過程を紹介していた。これが、意外にもマーカスに極めて重要な教訓を授けてくれた。「この教えは、トレーディングにも応用できると思いました。マーケットでは、自分のファンダメンタルズ的な見方が正しいかどうかなど関係ありません。チャート上に見るものとは、自分が見たいと思っているものだけであり、自分にとって都合が良く価格が動くように思えるものだけだ」。そして、「マーケットは、あなたの資金が続くよりも長く不合理な動きを続ける」という言葉を思い出した。そこから、マーカスはテクニカル分析とファンダメンタルズ分析を融合させ、その妥当性をマーケットで確認することで、歴史を作る歩みを一歩一歩進めていった。

彼に唯一足りなかった能力とは、マーケットの動きに対して自分がどう感じるのかを知るということだった。これは、株価テープを読んだり、ニュースに対する大衆の反応を見てから、初めてもたらされるものだった。これは心理学に大いに関心を持っているマーカスにも、自然に備わっている能力ではなかった。

感情を抑えることができないことを詳細に列挙して、彼は自分の行動を同僚でメンターのエド・スィコータの行動と比較してみることにした。

スィコータは、ポジションが逆行したときでも感情を抑える能力を身につけていましたが、これは私にとっては難しいことでした。私ならば髪を掻きむしったり、窓から飛び降りたくなったりする場面でも、スィコータならば「マーケットは上がるときもあれば下がるときもある。今日は下げる日だったのだ」と言うでしょう。当時の彼は、若いのにパイプを吸っていて、私はよくパイプの先から煙が吐き出されるのを眺めていました。あるとき、砂糖がストップ安でトレードできなくなってしまいました。私はスィコータに「まだ砂糖の買いポジションは残っているのですか」と聞くと、彼はゆっくり煙を吐き出してから「ああ」と答えました。私は、常にタフで落ち着いていたスィコータから多くを学びました。彼ほど落ち着いてはいられませんが、彼のおかげでそれに近づけたとは思います。もし彼が一度の取引で破綻するようなことがあれば、私などはどこかの掃きだめで暮らしているでしょう。ただ、私はファンダメンタルズ分析とテクニカル分析を取り入れ、群衆の動きを観察しながらトレーディングするという、むしろエーモス・ホステッターに似た手法を使っていました。**そして、少しずつマーケットの感覚をつかめるようになっていきましたが、それは自分の予想をトレーディングに組み込めるようになったからです。**

図 4.1　1977 年の大豆相場

出所＝ CME グループ

1977 年のシカゴ大豆７月限は、約７週間で 7.50 ドルから 10.50 ドルに上昇した。３ドルの上昇は価格としては約 40％の上昇だが、マーカスのレバレッジとポジションの大きさでこの期間、ずっと保有し続けていれば、ポートフォリオは数百％の利益を上げられるはずだった。そして、６月から納会までの下げもさらなるチャンスだった。

ただ、マーカスはマーケットに対する素晴らしい感覚をつかめるようになる前に、資金だけでなく感情的な授業料も払うことになった。大豆のトレードで早く手仕舞いすぎ、そのあとマーケットがみるみる上がるのをただ眺めるという苦しみを味わったのだ。資金が必要なときに、このような上昇を逃すのは特に苦しい（**図 4.1**）。

マーカスは、機会損失を恐れるようになっただけではなく、その症状は悪化していった。これほど大きな失敗は、その年のリターンどころか、トレーダーの仕事自体も失いかねない。彼がトレーダーとして最悪の時期と呼ぶこのころ、大豆で大きな上昇相場を逃した苦しみを和らげるため、彼は鎮静剤を服用していた。

最初は不安を和らげるための軽い鎮静剤だったが、それが効かなくなると、彼はソラジンを服用するようになっていった。

会社に行くため地下鉄に乗ろうとしたとき、ドアが閉まりかけて転びそうになりました。……私はフラフラで自宅に戻り、ドアのところで倒れました。それくらい強い薬だったのです。私は意識を失って、その日は仕事に行くことができませんでした。その二週間、私は常にクビになるのではないかと恐れていました。あれは人生で最悪の二週間で、毎日もう耐えられないと思いながら会社に行っていました。辛かったのは利益を上げ損なったことではなく、大きなチャンスが目の前にあるのにトレードできないことでした。

●さらなるエピソード

別のトレードで、マーカスは証拠金五万ドルでトウモロコシと小麦のトレードを仕掛けた。証拠金は彼の三万ドルと母親から借りた二万ドルだった。そして、このトレードで四万二〇〇〇ドルの損失を出した。

●さらなるエピソード

マーカスは、通貨トレードでは約五分間で二五〇万ドルを失ったこともある。彼は損失がそれ以上拡大するのを避けるために手仕舞ったが、そのあと「マーケットが下げた値幅のすべてを回復するのを目の当たりにするという嫌な経験をしました」。

彼の話からそのエッセンスを学び取ってほしい。自分のなかに正しくなければならないという気持ちがないか、間違ったときにどのように感じるか、ということをぜひ探ってほしい。私は、こういうことを知ることのほうが「マイケル・マーカスのように大豆をトレードする方法」を学ぶよりもはるかに大切だと思う。マーカスも言っているとおり、「結局、負けが負けを呼びます。負け始めると、心の中のマイナス要素に火が付き、悲観的な気持ちになります。トレーディングには集中力が求められ、そのためには事前の準備が必要です。みんなにもそれを勧めています」。あなたが事前にすべきことは、マーカスの葛藤から得られた教訓を自分が体験したことのように学ぶことだ。その過程であなたのトレーディングの内なる声が育っていくだろう。

マーカスは、この感情面の葛藤から大いに学んだ。彼は瞑想といくつかの心理療法も受けた。子供時代の経験やトラウマになった出来事について他人に話すことについて彼は次のように言っている。**「意識することが治療の始まりになります。そして、人に話せば自然に意識するので、それが最も効果的な方法です」**

マーカスにとって、この経験が自分自身と、彼がトレーディングに取り入れている三つの要素――「ファンダメンタルズ分析」「テクニカル分析」「マーケットの動き」――

について さらに知りたいと思うきっかけになった。そして最も重視したのが厳しいリスク管理だった。感情がマーケットと同じくらい変動しても、マーカスは世界一の商品トレーダーになろうと決意して辛抱強く取り組み、それを成し遂げた。

マーカスは、精神的な痛みと成長を経て、トレーディングの教祖になった。彼の場合は、トレーディングを始めてすぐに大きな利益を上げたが、子供時代の心の痛みからやっと解放されたと思い始めるまでに、人生の約三分の二を「からっぽ」な気持ちで過ごしていたと言う。瞑想に出合い、それに飛び込んだときから彼は世界とのつながりを感じられるようになり、心の痛みから解放された。

ちなみに、その対極にあるのがダン・キャピタルを創業したビル・ダンと言ってよいだろう。マーカスが今日でもファンダメンタルズ分析とテクニカル分析とマーケットの感覚を使ってトレードしているのに対して、ダンはシステムトレードしか行っていない。彼はシステムに仕掛けと手仕舞いとポジションサイズのルールを設定し、それを厳守している。もし規律の守護聖人がいるとすれば、それは間違いなくダンのことだろう。コンピューターにアルゴリズムをアップロードすることと、システムが示した指示を上書きしないで注文することとはまったく別のことである。マーカスの裁量型とダンのシステム型は、どちらかが他方よりも優れているというわけではなく、トレーダーはそれぞれが自分に最も適した手法を探さなければならない。マーカスは自分の感情を容認し、それを自分のトレーディングに組み込んでいる。ダンは、強い感情の起伏があったとしても、彼の数学モデルの算出結果に従って注文を出す。マーカスと違い、ダンは公表されているかぎりでは、トレーダーとして大きな影響を受けた精神的な落ち込みを経験していない。彼は破産したこともないし、マーカスの大豆トレードのようにトレーダーとしての在り方を決定づけるような出来事にも遭遇していない。

規律とは、たとえそうしたくないという強い気持ちがあったとしても、自分の目的や他人との合意に基づいて決めたとおりに行動することで、コンピューターを使っているかどうかではなく、一貫性があるかどうかなのである。

マーカスと同様、ダンも私の知り合いのなかで最も高学歴のトレーダーのひとりだ。ノースウエスタン大学で理論物理学の博士号を修得し、大学教授として働いていたこともあるダンは、科学者の姿勢でトレーディングに取り組んでいる。これほどの頭脳を持ちながら、彼はトレーディングに自分の裁量もカンも取り入れていない。私が初めてダンと知り合ったのは、トレーダー・マンスリー誌で彼に関して「無敵のトレーダー」という記事を書くためにインタビューをしたときだった。それから何年かして、私は彼に長時間のインタビューを行った。この様子は、二部構成のビデオとして私のブログに掲載されている（http://martinkronicle.com）。ダンは、リーズン・マガジン誌を発行しているリーズン・ファンデーションの取締役会長も務めており、同誌のモットーである「自由な精神と自由な市場」も彼と私の共通点になっている。

ダンは、素晴らしく頭が良いうえに博識でもあるが、彼はほかのトレーダーには見られない規律を持っている。**「私たちは百パーセント、システム化しています。……つまり、裁量の余地はまったくありません」「マーケットからも自分の心の中からもさまざまな情報が入ってくるなかで、規律を守るのは初心者にとってとても難しいことです」**と彼は言う。マーカスが感情的にトレードするものを決め、それが正しいことをマーケットで証明しようとするのに対して、ダンは毎日データをコンピューターにアップロードしたあとは自分の数学モデルを信じて仕掛けや手仕舞いのタイミングを決めていく。ダンの「システム」は、商品をいつ売買するかを計算するために彼が何十年ものデータを研究して発見した公式なのである。彼は、特定の条件が整ったときだけしかトレードしない。ダンにとって、裁量とは彼のコンピューターモデル以外のインプットを意味している。マーカスは、裁量という言葉を自分のトレード方法という意味で使っている。つまり、ダンが避けようとしていることに、マーカスは頼っているとも言える。二人にとってうまくいく手法はまったく違うが、どちらも成功している。

もしダンが彼のトレードに必要な規律を持っていなければ、顧客は託した資金を約束どおりに運用しろと迫るだろう。**「トレーディングを始めたばかりのころは、顧客に『ビル、システムの指示どおりにトレードして、余計なことはしないでくれ』と言われたものです。それが私の感情に力を与えました。私はそれまで損を抱えるたびに自分にこう言ってきたのです。『もう手遅れだ。ずっと我慢してきた。それなのに損失が出ている』。こういったポジションはルールに従って手仕舞うべきだったのです」**（ロサンゼルスで行った二部構成のインタビューのなかで、ビル・ダンは感情とトレーディングについて語っている）。

ダンは、内なる声が聞こえても自分のトレーディングルールに立ち戻り、それまでの三四年間してきたとおり、科学者としての自分を信頼してトレードしている。「私のシステムは、過去の分析可能なすべてのデータを抽出したものです。このシステムの最も良い点は、これが今日や明日にできる最高のことだと分かっていることです。裁量でトレードすべきでないことは分かっているので、そうしたいという衝動はあまりありません。自分には科学者として感情を乗り越えられる程度の資質があると思っているので、マーケットの動きに任せろと自分に言い聞かせています」

ダンは、テレビ画面の下に流れるニュース速報を読んだり、それによってトレード判断を変えたりはしない。「日々の最善策は、自分のルールに従うことです。それが今日うまくいかなくても、構いません。いずれにしてもうまくいく保証などないのです。とにかく、システムの指示はけっして変えません」

ダンは、一九七四年以来、自分のモデルに裁量をまったく加えないで運用している。彼はそのことについて、「裁量に何の意味があるのですか」と言う。

なぜ、みんなは長期間マーケットよりも賢くいられるなどと思うのでしょうか。その自信はどこから来るのでしょうか。短期的なマーケットの動きが予想できないと、自分がバカだという気がするのかもしれません。でも、間違ったときにどうすべきか分からないことを認めるのは、彼らのプライドが許さないのでしょう。しかし、彼らにテレビ画面の下のほうで流れている数字を理解する能力はないし、私にもありません。このように雑音が多すぎるから、私たちはシステムのみを使っているのです（実は、ダンは一度だけ裁量でトレードしているが、それはポートフォリオの管理とも言うべきものだった。西暦二〇〇〇年問題に備えて、一九九九年一二月三一日の直前にすべての商品のポジションを手仕舞い、彼の顧客の資産を百パーセント現金にしたのだ。理由は、意味のないコンピューターの問題から顧客の資金を守るためだったが、結局何も起こらなかったため、彼のパフォーマンスは数％下がることになった）。

ダンの潜在顧客に対する考え方も興味深い。「顧客が私たちの情報を求めるのと同じくらい、私たちも顧客の話を聞きます。顧客には、私たちと長い付き合いをするためにすべきことをはっきりと伝えます。それができなければ、資金は受け入れません」

これは両者の立場を逆転させる重要なことである。**「普通、トレーダーは顧客の気持ちなど考えていません」**（エド・スィコータ著『ザ・トレーディング・トライブ［The Trading Tribe］』）。しかし、顧客を面接することで、顧客とマネーマネジャーの間の感情の起伏を抑えることができる。トレーダーとしてのキャリアがまだ浅い時期の両者の力関係は、お金を持っている顧客のほうが強いことが多い。弾がなければ撃つことはできないからだ。しかし、事前に顧客と話をすることで、ダンは顧客との行き違いに巻き込まれる可能性を抑えることができる。**「気をつけておかないと、顧客はマーケットの変動で感情をかき乱され、それをトレーディングモデルのせいにしてくることがあります。それを避けるために、顧客との間に一線を引いておくのです」**

ダンは顧客を厳しく吟味することで、顧客とマネーマネジャーの間の行き違いを最低限に抑え、高いリターン率を達成してきた。彼には三四年間の安定した実績があり、今後それが崩れるとも思えない。

感情は日々変化しているが、トレーダーはさまざまなマーケットの環境に適応していかなければならない。マーケットの環境は季節のように規則正しく移り変わるものではないため、それが変わるときにはだれも教えてくれない。また、あなたの感情もいつどのように変化するのか分からない。ただ流れて行くだけである。しかし、瞑想やヨガをすることによって、うまく適合していくことができるようになる。これから二〇年間の宿題として、変化を続けるトレーディングシステムと感情のシステムの収束と発散をぜひ測定してほしい。

読者がマーカスやダンについてどう思うかは別として、彼らが自分の意思を貫くだけでなく、偉大なトレーダーになるために自分の感情に基づいて自分の内面を見つめて、決定していく勇気は本物だ。二人とも自分自身を理解することの成績がAプラスだということも間違いない。ちなみに、自分自身を理解することのためのクラスは常に開講している。

投資やトレードや他人との関係について、まずは感情のリスク・リワードという観点から取り組めば、トレーディングの人生はずっと楽になるし、感情的な損失も抑えられる。マイケル・コベルが**『規律とトレンドフォロー売買』**（パンローリング）を執筆するために、私にインタビューをしたとき、私は「もし顧客が私のトレードの仕方を理解できなければ、私は別の顧客を探し、顧客は米国債でも買うべきでしょう。彼らの夢物語と私のシステムは別物だからです」（マイケル・コベル著『規律とトレンドフォロー売買』）と話した。マーケットの魔術師たちはそれぞれの基準を設けたが、それは彼らがトレーディングで莫大な利益を上げたからでも、有名ファンドに勤めていたからでもない。彼らは自分と向き合い、自分の内なる声と折り合いをつけてきた。自分の感情を自分の友人や味方にしなければ、ヨーダが言うように「父と同じ運命に苦しむことになる」(「スター・ウォーズ、エピソード6、ジェダイの帰還」のヨーダの言葉。「けっして皇帝の力を甘く見るでないぞ。さもなくば、父の運命と同じ苦しみを味わうことになる」ということ。つまり、自分の感情を味方につけなければ、感情に負けてとん挫するほかのトレーダーと同じ運命をたどることになる)。

第5章

常識とマーケットタイミング

常識とは、心にとって、おふくろの味のように安心できるものである。

本書はトレーダーやリスクマネジャーのために心理面での知恵と自分自身を理解する方法について書かれているが、それにはまずさまざまなリスクに対するベンチマークを示しておく必要がある。そこで、本章ではバイ・アンド・ホールドの投資家が経験すると思われる感情面での葛藤を見ていくことにする。

私は、**手仕舞いポイントを決めずにポジションを保有することは無鉄砲な行動だと思っている。**このことは、あらゆるトレーダーについても、投資信託を買う投資家についても言えることだ。必死で稼いだお金を投資するときに、資金が大きな損失を被る可能性があることとその資金のリスク管理をすることがうまくかみ合っていないように感じる。

みんなが何と言おうと、株式市場は、感情的にも財政的にも、また長期的にも資金を預けておくのに最善の場ではない。

マーケットの魔術師のなかではあまり目立たないが、投資信託をトレードしているマーケットタイマーのギル・ブレイクの金言に「トレーディングには、みんなが考えているよりも芸術的な側面がありますす」(『**新マーケットの魔術師**』[パンローリング])というのがある。この言葉は、これまで「マーケットでタイミングを計ることなどできない」「バイ・アンド・ホールドこそが投資」などと言われてきた人にとっては、まったく奇異に聞こえるかもしれない。厳密に言えば、ブレイクはトレーダーではなく、投資信託のマーケットタイマーだが、『新マーケットの魔術師』のインタビューを受けた時点では、負けた月が一度もなかった人物だ。

価格と出来高は、日ごと、週ごと、月ごとにまとめて示される。また、日中の動きは、日ごとのデータを一時間ごとに示したものから、一分、三分、六分、一〇分、一五分、二〇分、三〇分ごとに示したものまである。プロ用のチャートソフトは、価格と出来高を希望する時間枠で表示するように設定することもできるようになっている。

自分に適した時間枠を選ぶときには、自分の性格とその時間枠の選択を深く信頼していることをよく理解しておかなければならない。逆指値注文が本当に執行されるかどうか信じられなければ、日足でトレードしているのに一日中、変化する価格の画面をにらんでいなければならないからだ。ブローカーが必ず注文をトレーダーが望むとおりに執行するのは、彼らには手数料という動機があるからなのである。

ブレイクは、新米のトレーダーが成功するためには、いくつかの段階を経なければならないと言っている。そのためには、まずは自分の性格に合うトレーディングのツールと戦略と時間枠を見つけなければならない。ただ、ブレイクは「最も利益が出るもの」を見つけろとは言っていないし、「期待値の数字が最も高いもの」とも言っていない。「投資家が最も手がけやすいものやシャープレシオが最高のもの」とも言っていない。彼が言っているのは「自分の性格に合っているもの」である。

「バイ・アンド・ホールドだから」「長期投資だから」などというナンセンスなことを言って、自分の気持ちを偽っている投資家は、どこかで聞いたことをマネしているにすぎない。彼らは自分たちが恐怖を感じていることを認めようとしないだけだ。しかし、恐怖を伴うモデルがウォール街でうまくいった試しはない。このような投資家は、長期投資がどういうことか分かっていないし、長期投資が何をもたらすかも分かってはいない。バイ・アンド・ホールドは、自分のお金を使って行う最悪のギャンブルなのである。

投資家が「これは長期投資だから」と気分良く言っていたとしても、その結果を見るときの気分も良いとは限らない。人間は予想が下手だし、自分を過大評価する傾向があるからだ。

なぜ、私がこのように感じたり考えたりするのかについて説明しよう。私が最初にウォール街で働き始めたころ、「S&P五〇〇の過去のリターンは、配当金込みで一二・二五%」と言われていた。これを聞いて、顧客は資金をインデックスファンドに投じたかもしれない。しかし、一九九〇年から二〇一一年二月までのS&P五〇〇のリターンは八・九一%（配当を除けば六・六五%）と大きく下がり、期待リターンの四分の三にも達しなかった（正確には七二・七三%だった）。三〇歳だった顧客が五一歳になって引退が近づき、収入が最も多かった時期を過ぎているのに目標額を達成できていないのである。このような投資家は「現実から目をそらし」、「自分のは長期投資だから」とバイ・アンド・ホールドのせいにする。しかし、あくまでその目標を変えないのならば、その目標を達成するためにはもっとリスクをとるべきなのである。バイ・アンド・ホールドが手に負えなくなったときの機会費用を考えてみよう。

ブラックスター・ファンド（現ロングボード・アセット・マネジメント）がラッセル三〇〇〇の構成企業について調べたところ、ほとんどの銘柄がその存続期間を通して損失になっていることが分かった。これまで、株式こそが最高の長期投資の場だと言われてきたが、実はそうではなくなったのだ。図5.1を見てみよう。

図5.1　アメリカ株の個別銘柄の上場からのトータルリターン

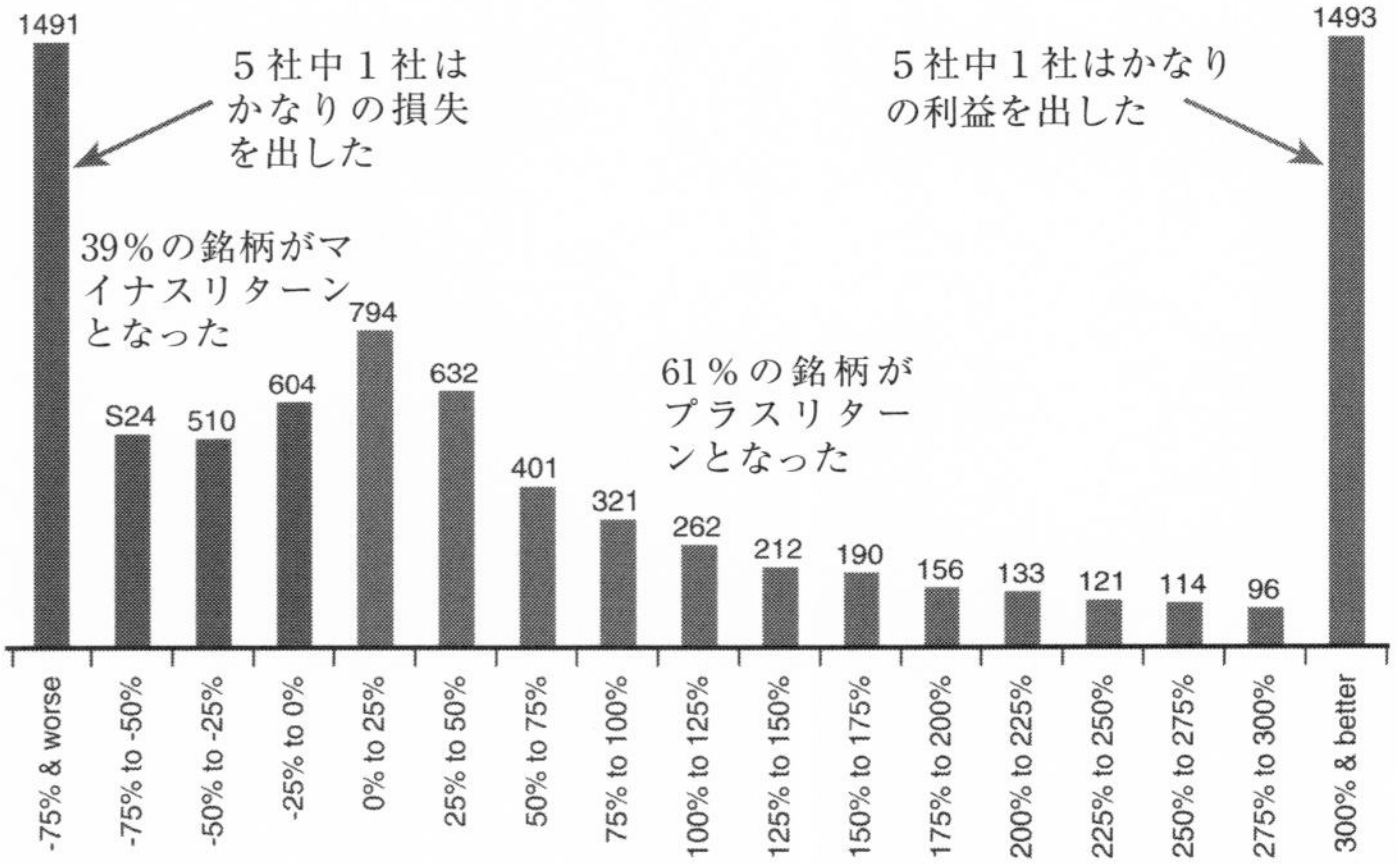

出所＝コール・ウィルコックスとエリック・クリッテンデン、ロングボード・アセット・マネジメント

一九八三～二〇〇七年にかけて調べた八〇三五銘柄の内訳は次のようになっている。

●全銘柄の三九%は、上場からのリターンがマイナスだった。つまり、五社中二社は大したことはなかったということだ。

●全銘柄の一八・五%は、価格が七五%以上も下落した。つまり、五社中一社はひどい投資だったということだ。

●全銘柄の六四%は、上場からのパフォーマンスがラッセル三〇〇〇のリターンよりも低かった。

●五銘柄中一銘柄は、主要メディアで推奨されたり話題になった。

●平均的な銘柄の年率（複利）は五・一％だった。

これを見てどう思うだろうか。もしこのような状態ならば、どこに投資するのが正しいのだろうか。

投資信託会社の広告や宣伝と多くの株の実際のパフォーマンスを比べると、投資信託業界は運用会社というよりもロビー活動や政治活動をするためにあるような気がしてくる。次は株の複利のリターンを見ていこう（**図5.2**）。

調べた銘柄を、リターンが最も低いものから順番に並べてみると、全体の七五％（六〇〇〇銘柄）はトータルリターンが〇％だった。しかし、これらはみんな指数の構成銘柄なのである。

もし前の問いに「銘柄選びにもっと集中しなければならない」と答えたならば、それは間違っている。**多くの銘柄が損失を出しているときは、「損失を大きくしないこと」に集中しなければならないのである。**そのためには、マーケット

図 5.2　個別銘柄の年間複利リターン

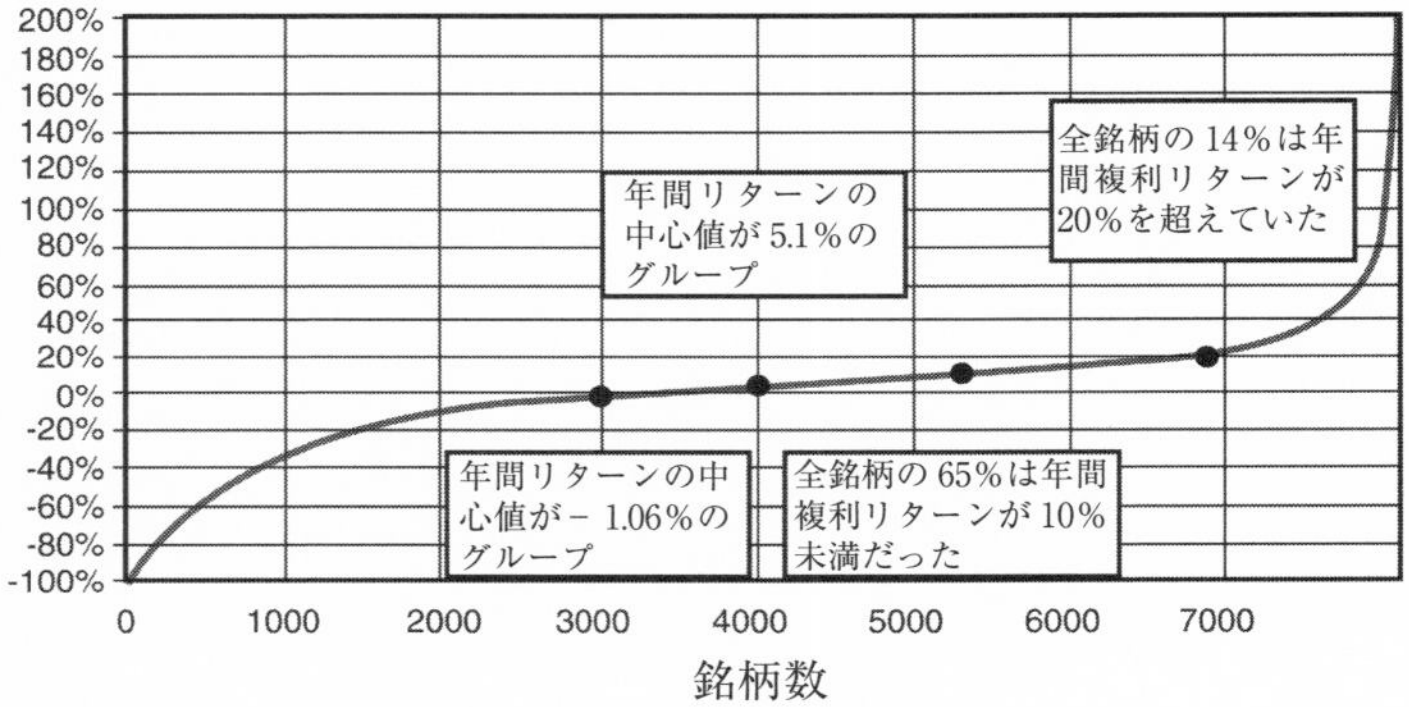

出所＝コール・ウィルコックスとエリック・クリッテンデン、ロングボード・アセット・マネジメント

タイミングを使って負けトレードを事前に決めたポイントで手仕舞い、損失を小さく抑えなければならない。この好例が、ウィリアム・オニールのＣＡＮＳＬＩＭ（キャンスリム）という手法である。彼は、負けトレードは買値から八％下げたら損切りする。**図5.3**は、損失を小さく抑えることに集中しないで、バイ・アンド・ホールドや銘柄選択をするとどれほど危険かを示している。

これほど重要な結果が出ているなかで、投資信託会社はどんな強みを持っているのだろうか。想像するに、会社が強みを持っているのではなく、顧客のファイナンシャルアドバイザーを納得させる素晴らしい販

図5.3　全体リターンの構成

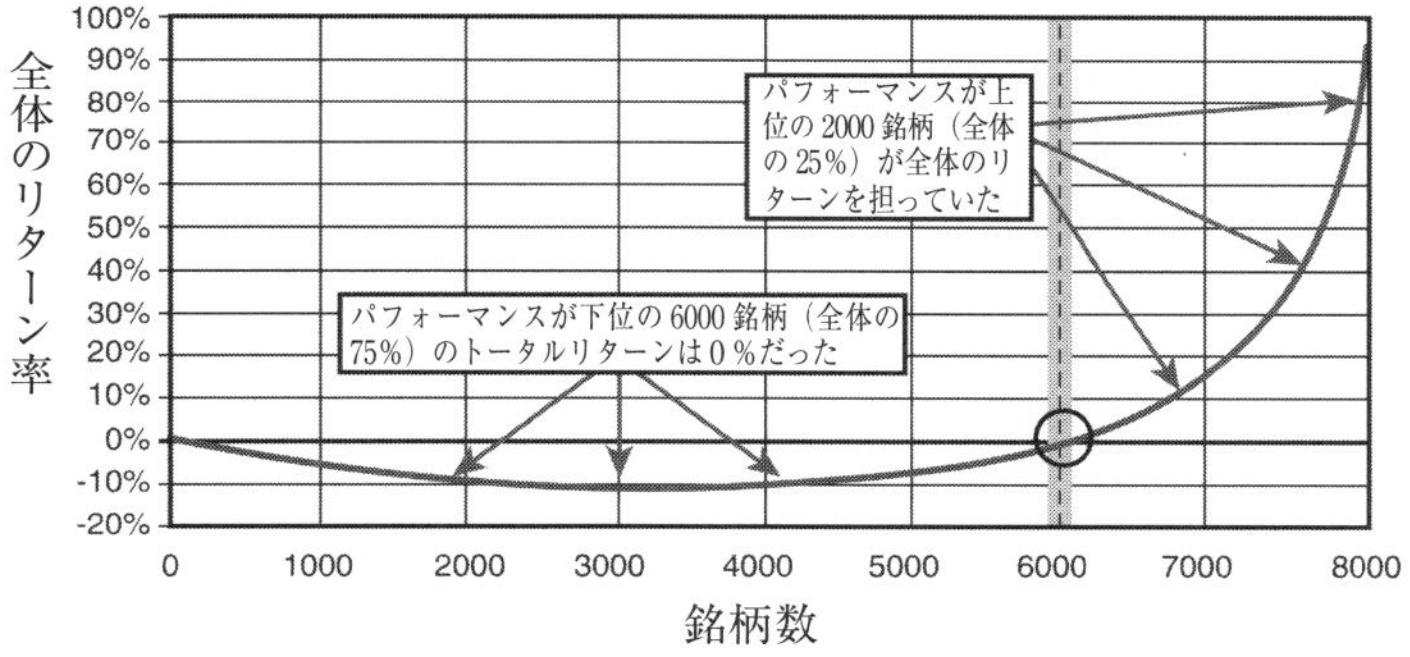

出所＝コール・ウィルコックスとエリック・クリッテンデン、ロングボード・アセット・マネジメント

売員がいるだけだと思う。ちなみに、ファンダメンタルズのアナリストもあてにはならない。

「平均」を信じてはならない。この言葉には、悪いものでもそれなりに見せてしまう何かがある。そして、自分が被った損失を正当化してはならない。人はポートフォリオを見るときに、普通は「平均」ではなく最大の勝ちトレードや最大の負けトレードに目が行く。そして、その最大の負けトレードが最大になる前日は、最大の損失よりはいくらかは少なかったはずである。

「ファンダメンタルズが変わったら売ります」というマネーマネジャーにも一セントも託してはなら

ない。特に、運用チームの紹介文に有名大学やプロとしての資格などを並べている会社にはより注意が必要だ。マネーマネジャーのEQ（心の知能指数）や自分自身を理解することがまったくできなかったり、EQを行使できない環境で仕事をしたりしているのならば、リスク管理は期待できない。八人中七人のマネーマネジャーがベンチマークを上回ることができないという現実を、くれぐれも忘れないでほしい。ちなみに、パフォーマンスと学歴はまったく関係ない。

チューダー・インベストメントの創設者で、『マーケットの魔術師』にも登場したポール・チューダー・ジョーンズは、「まず価格が動いたあとにファンダメンタルズがついてくる」と言っている。しかし、アライアンス・キャピタルの副会長を務めるアル・ハリソンは、「ファンダメンタルズがまあまあだから」という理由で下がり続けるエンロンを最後まで買っていた。彼のようにファンドの副会長ならばそれもできるが、普通の人にそのような資金はない。グレアムとドッドの信者以外のマーケット参加者ならば、エンロンの正しい価値を教えてくれるだろう。

一時期、派手に宣伝していたマンダー・ネットネット・ファンドはそのあと悲惨な状態に陥ったため、別のファンドと合併して現在はマンダー・グロース・オポチュニティ

図 5.4　マンダーはインターネットブームに乗って大規模な販売攻勢をかけたが、ほとんどの投資家は最終的に損失を被った

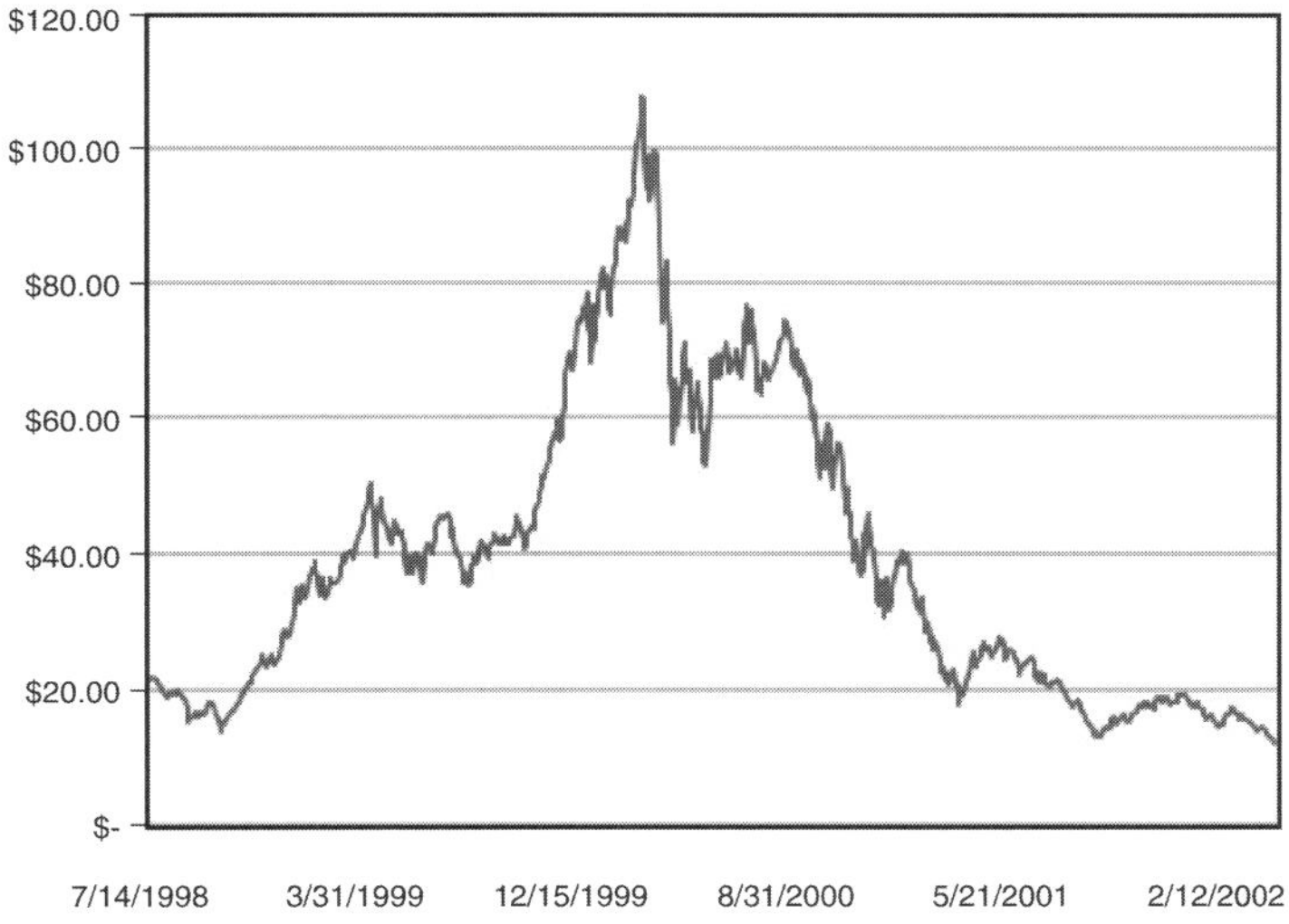

ーズになっている。合併にはいくつかの効果がある。まず、過去の不都合なデータや右肩下がりの基準価額のチャートを隠す効果がある。**図5.4**を見てほしい。

そのうえ、マンダー・マネジメントはこの悲惨なリターンや、顧客の解約による資産の大幅な減少やトレーディングでの損失（ドローダウン）を報告する義務もなくなった。しかし、新しいファンドの資産は最盛期の約一五％にとどまっている。

もしあなたやあなたのファイナンシャルアドバイザーが、ト

レーダーが使っているような資料を持っていなければ、株が投資方法のなかで最高の選択だとどうして言えるのだろうか。言い換えれば、六〇〇〇銘柄の上場からのリターンが〇％ならば、明らかに「バイ・アンド・ホールド」や「長期投資のみ」で株に投資すべきではない。必要なのは、もっと実態があって信頼がおけるものであり、損失を限定してくれるテクニカル分析やトレーディングモデルを用いてくれるものならば、勝ちトレードの利益を大きく伸ばしてくれる。

私はジャック・シュワッガーの『マーケットの魔術師』の大ファンだが、続編の『新マーケットの魔術師』にも重要なことが書いてある。なかでも、第七章「トレーディングの心理学」の冒頭にシュワッガーが書いている次の文章は秀逸だが、特に名前が付いていないので見落としている人も多いと思う。

本書や前作でインタビューをしたトレーダーたちが、トレーディングで成功するために決定的に重要なこととして繰り返し強調していたのが、心理的な要素だった。成功するために重要なことは何かという問いに対して、マーケットの魔術師たちは経済指標やトレード技術ではなく、規律や感情の抑制や忍耐、損失に対する心構えなどについて語った。**彼らは、マーケットで勝つためのカギがトレーダーの外面ではなく内面にあると明言しているのである。**

これは『マーケットの魔術師』シリーズの二冊のなかでも最も洞察に満ちた言葉だと思うが、ネット上で引用されたり好きな言葉として紹介されたりしているのを見たことがない。また、ファンダメンタルズ分析系の投資信託のマネジャーがこれについて語るのも聞いたことがない。それは、彼らの目的が「資産を管理すること」ではなく、「資産を集めること」だからだ。

しかし、なぜなのだろうか。数字で考えてみよう。もし一〇〇万ドルの資金のうち一〇％に当たる一〇万ドルの損失が出れば、残高は九〇万ドルに減ってしまう。しかし、それでもファンドマネジャーは管理手数料の〇・五〇％を徴収する。彼らは一〇％の損失を出しても、手数料が五〇〇〇ドルから四五〇〇ドルに減るだけで、収入に大きな影響はない。つまり、彼らには損失を小さく抑えようとする動機に欠けているのである。

自分がどのような人間なのかという自覚を持っていなければ、だれから学んだとしても、だれの訓練を受けたとしても役には立たない。並外れた才能があってもうまく書いたり話したりすることが苦手な天才のように、このようなファイナンシャルアドバイザーは黙ってもらっていたほうがよいのかもしれない。頭の中に素晴らしいアイデアがあっても、感情のシステムとうまく適合させて活用できなければ、感情がトレーディングの方針と乖離することになる。バイ・アンド・ホールドの投資家でさえ、損失を小さく抑えたければ、マーケットのタイミングを計らなければならないのである。

そう考えると、投資家はトレーダーからある程度、感情と技術に関する知恵をもらえるのかもしれない。成功したトレーダーは、居心地の悪いときでも――リスクを管理しなければならないときなど――心地良く過ごす能力を生まれつきか、学習して身につけているのだ。そして、顧客は自分でそれができないからトレーダーを雇っている。**投資家は、ある程度の安心感がなければ、大きく売買する気分にはなれない。また、資本を守るためには小さい損失を出してよいということを気持ちのうえで納得させておかないと行動には移せない。**小さい損失を受け入れることで、トレーダーは何十年も生き残ることができる。投資家は、このことをよく覚えておいてほしい。

ヨガのポーズは、難しいうえ、楽ではないものもある。それでも先生の助けを借りてやっと難しいポーズができると、今度はリラックスしてと声がかかる。この「ゆっくり息をするだけでよい」状態になることが毎日、毎晩、ときには週末でさえ、それができないことがあるトレーダーにとって、ヨガは素晴らしい訓練になる。

自分が何者なのかを自覚し、自分自身を理解することを深めるためにできることのひとつに、瞑想やヨガの練習がある。六〇年代のヒッピーのように聞こえるかもしれないが、私自身は実際にそうしたし、ほかの方法は知らない。トレーディング・トライブに入るという方法もあるが、どのグループに入るかによってうまくいくときといかないときがある。私の場合は、幸運にもすぐ隣にエド・スィコータが座っていた。自分の感情構造に合うトレーディングモデルやトレーディングスタイルを作り上げていくためには、メンターの助けがいる。このことに取り組まなければ、「ハウツー」本を何冊読んでもそれまでのトレーディングの悪い習慣から抜け出すことはできない。

本書を執筆するために私がインタビューしたトレーダーは、デイトレーダーを含めて全員が何らかの精神的な訓練を行っていた。マイク・ベラフィオーレは、早朝走っていると話してくれたが、これは本当に早朝なのだ。彼は、朝の四～六時にセントラルパークを走ることも珍しくないという。なぜそれほど早い時間なのかと尋ねると、「これは絶対にすべきことになっていて、最優先にしなければやめてしまうからです」ということだった。ちなみに、彼は走るときにヘッドホンはしない。音楽を聞きながらジムで運動したり、ルームランナーで走ったりする人は多いと思うが、ベラフィオーレは違う。「歌声を聞きながら頭をすっきりさせることはできないんだ」

ベラフィオーレのビジネスパートナーであるスティーブ・スペンサーにも、内なる知恵を得るための独自の方法がある。ベラフィオーレのとはまったく違う方法だが、トレーディングシステムの相性と同じで、スペンサーにはそれが合っている。「私はヨガを始めて約八年になります」「最初は姉と一緒に始めましたが、今はたいていはひとりでやっています」

おそらく、金融番組の「ファスト・マネー」でヨガや「静かに神と対話する」ことについて話す人はいないだろうが、それらは必要なことなのである。この番組の出演者全員が、マーケットやトレーディングから意識を切り離すために何か――たとえそれが外に出てタバコを吸うことであっても――をしているのは間違いないと思う。もちろん、彼らが番組に出演する短い時間に視聴者が期待するのはこういうことではないかもしれないが、もし私のポッドキャストの番組に出演してくれたら、まずそのことを聞いてみようと思う。

私は、もともと内省的な人間だったが、ヨガマットに座ると、ヨガの境地であるエゴを捨てることができる。これまでに五～六人の先生についたが、最終的にはエリック・シフマンとヨーゲン・クリスティアンセンの下で学ぶようになった。このころには、彼らが伝えようとしていることや、さらに深く学ぶための知恵を得るための方法が理解できるようになっていた。以前の私ならば、自分のポジションが心配で、片足を床に付けて寝ているような状態だった。そうでなければ、そもそもエド・スィコータを訪ねることもなかっただろう。

ヨガや瞑想が万人向けでないことは分かっているが、もし試してみて、それがトレーディングに影響を及ぼさなくても、少なくともヨガは体験できる。それに、ヨガや瞑想が私の人生に及ぼした役割をきちんと伝えなければ、本書の内容は完全とは言えない。

確かに、ヨガの練習を始めても最初の四カ月くらいはその意味がよく分からなかった。ただ、教室がすぐ近くにあったこともあり、無制限に受講できる会員権を目いっぱい活用するつもりで一週間に四～六回も通っていた。

ヨガを始めて六年くらいたったころ、私はパラマハンサ・ヨガナンダの『あるヨギの自叙伝』(森北出版)を読んだ。この本は非常に気に入って、ベン・キングスレーによるオーディオブックまで買ってしまった。シュライン湖で行われるセルフ・リアリゼーション・フェローシップの一環で、大晦日の深夜に行われる瞑想にも参加した。そこで、親しい友人と偶然会ったこともある。そのあとすぐに瞑想のグループを結成し、その活動は六年間も続いている。

私は、もともとジムに通い詰めるタイプではなかった。トレーダーのなかには、ジムに行ったり、ジョギングをするのが好きな人が多いが、私はそれらのどれも興味が持てなかった。ジムは出会いの場所と化しているし、走るのは私には負担が大きすぎる。ただ、もしジムに行ったり、池の周りをジョギングしたり、自転車でセントラルパークの中を回ることでゾーンに達することができるならば、それを続ければよい。そして、そこからどれくらい安定的な効果が得られるかを意識してほしい。トレーディングルールが裁量型でも、完全なシステム型でも、その両方を合わせたものでも構わないが、それをいかにうまく運用できるかを教えてくれる先行指標は、あなたの持っているトレーディングシステムではないのである。

トレーディングで大切なことが心理と感情だとすれば、トレーダーが

持てる唯一のツールは自分自身を理解するということである。つまり、このスキルを持っていないトレーダーは必ず失敗する。彼らの問題は、何が自分を動かしているのかが分かっていないのに、自分とトレーディングシステムを融合させようとすることにある。もしそれでうまくいっているのならば、それは単なる幸運にすぎない。

自分自身を理解するという境地は、指紋と同じくらいその人独自のもので、人から教えられたり、人のやり方をマネて到達できるものではない。ただ、指紋は変えられないが、ヨガや瞑想は私を変える効果があったし、この教えは五〇〇〇年も続いている。ただし、私が言えるのはここまでだ。

「マイク、そうは言っても、私は今一〇〇万ドルを稼ぎたいんだ。あと三年は待てないよ」とあなたは言うかもしれない。しかし、こう考えてはどうだろうか。マルコム・グラッドウェルは『天才！　成功する人々の法則』（講談社）のなかで、ひとつの分野で専門家になるためには約一万時間の学習が必要だと書いている。仮にSMBのトレーニングプログラムに入れて、二六日目に実践のトレーディングを任されたとしても、私の心の目でみれば、まだアマチュアでしかない。

あなたが自分の頭の良さを示すため、みんなに予想の電話をかけまくりたいことは分かっている。しかし、それをするならばブログかツイッターにしておいたほうがよい。マーケットタイマーになろうとして他人の資金をなくしてはならない。また、意見はアナリストにとっての通貨だということも知っておくとよい。本書を読んでいるということは、トレーダーを目指しているのだと思う。そのためにすべきことはただひとつ、エゴを捨てて、損失を小さく抑えることに集中するだけでよい。

トレーディングを始めたばかりのあなたは、まだ実際のリスクを管理する感覚を学んでいる段階にすぎない。それならば、プロのトレーダーになる過程をもっと楽しんではどうだろうか。急ぐことはない。マーケットがなくなることはないし、外国の市場だってある。もし一〇〇万ドルを稼いだらどんな気分になるのだろうか。

グラッドウェルの数字を参考にすれば、一日一〇時間働いたとして（労働組合の基準ではなくて実質的な労働時間）、週五日で五〇週間ならば八年間で専門家になれる。つまり、まだまだ先の話なので、それまで生き残ってプロになっていく過程を楽しんでほしい。学ぶべきことの多くは、現場にいれば分かるようになる。私も現場にいると集中力が高まり、頭がすっきりして学習が加速していくことを実感できる。

もしプロになる過程を急ぎすぎると、リスク管理に伴う感情面での葛

藤について十分に学んでいないために破滅することになる。待つことの苦しさや少しずつ成長していくことに耐えられなければ、まずはその気持ちを打ち明けるためにトレーディングトライブに参加してもよいだろう。

「あなたに資金を託す人たちがいるのは、彼らがその精神的な強さを持っていないからである」（二〇一〇年九月に行ったピーター・ボリッシュへのインタビューより）。考えてもみてほしい。大学を卒業した人が、トレンドやトレンドラインの上昇などといった基本的な定義を理解できないわけがない。彼らがあなたを雇うのは、あなたがリスクを管理しながらおびえることなく出すべき注文を出せるからなのである（出せなければ困る）。

トレーダーはみんな、私が「公園のベンチの日」と呼ぶ時間を経験している。ひどい気分に陥っていたり、含み損を抱えていたりするときに、セントラルパークのベンチで「俺はなんでこんな仕事をしているんだろう」などとため息をつくのだ。トレーダーをやめるか、そうでなければポジションを手仕舞わなければならないのに、立ち上がって戦いに戻ることがなかなかできない。偉大なトレーダーも、何度もベンチの日を経験しているが、彼らはそのたびにベンチから立ち上がって、トレーディングに戻って行ったたのである。

トレーダーとは、そのような責務を負う人生を選んだ人たちなのだと思ってほしい。私が今の地位にあるのはさまざまな状況を経てきたからで、学歴は関係ない。ボリッシュはさらに、「私は深さが三〇センチの穴を一〇個掘るよりも、深さ三メートルの穴を一つ掘りたいと思っています。浅い知識はトレーディングでは不利になります。自分は分かっているつもりで実行に移せば、そのツケとして瞬く間に資金を失うことになるでしょう」とも言っている（二〇一〇年九月に行ったピーター・ボリッシュへのインタビュー）。

トレーディングには、人間にとって普通でない感覚が必要とされる。私たちは支持や称賛を求め、学校ではいつもAを取ることを目指してきたことで、常に「正しくあらなければならない」という気持ちが染み込んでいる。しかし、トレーディングは学校生活とは矛盾する。一番大事なことは正しいことではなく、利益を出すことなのだ。ほとんどの人は正しくありたいと思う。しかし、褒められたいという気持ちを捨てることができれば、トレーディングではどこまでも高みを目指せるのである（二〇一〇年九月に行ったピーター・ボリッシュへのインタビューより）。

さまざまな研究から、リターンの要素としては資産配分よりもモメンタムのほうがはるかに重要であることが分かっている。あなたは、この情報を自分の投資理論に生かしているだろうか。あなたのファイナンシャルアドバイザーはモメンタムをつかむのに最適な業種や金融商品を助言してくれているだろうか。資産配分は予備的なことでしかなく、だれにでも教えられることだ。

あなたは、自分の得意なことについてみんなに話すのが好きだろうか。あるいは、自分が今持っているポジションについてどれくらい満足しているだろうか。トレードしていて自分の大きいポジションが順行していると、職場中に触れ回りたくなるタイプだろうか。私の経験から言えば、このような気持ちは利食うべきときを示す素晴らしい指標となる。この感情の裏側には、まったくうまくいかなかったときに言い訳しなければならないという卑下の気持ちがある。もちろん、周りに対して正直に話す勇気と誠実さがあればの話だが。どちらの気持ちも、トレーダーとして仕事をしていくうえでは役に立たない。もしみんなの関心を引きたいのならば、トレーディングではなく、演劇でも習ってテレビに出ればよい。ただし、あなたが望んでいたのとは違う関心を引くことになるだろうが……。

いくらで仕掛けるかにあなたのエゴが現れる。あなたはみんなが買っていれば買いたくなり、みんなが空売りしていれば空売りしたくなる。ただ、利益を上げることとその利益を守ることとは別だ。それより、もっと良いことは、利益を上げ、かつそれを守ること、しかもドローダウンもなく、である。カギとなるセールスポイントは、リスク調整後リターンだ。あなたがリスク管理もできないのに大金を賭けてグーグル（GOOG）を保有しているかどうかなど聞きたい人はいない。グーグルを保有する理由や、それをどのように見つけ、そのトレードがいかにウォール街のビッグディールかを得意げに語るような人は、損失を出したときにそこから学んだことについて語る謙虚さを持っていない。こういうタイプは、失敗などしたことがないような顔を平気でするウォール街でも最低のタイプだ。おそらく二年以内にトレーダーを辞めざるを得なくなるだろう。しかも、彼が残したポートフォリオにはゴミのような銘柄がたくさん入っていて、大きな含み損を抱えている。そして最も悲しいのは、「いい人だから」という理由で彼についていく間抜けな顧客がいることである。

あなたの仕事は、損失を小さくすることだ。そのことに集中して、他人の誘いに惑わされてはならない。彼は、自分とよく似た人たちから最善のアイデアを盗んでいるだけなのである。

潜在顧客　あなたに資金を託すべき理由を教えてください。

あなた　私ならば損失を抑えることができるからです（価値の保全）。

人は、自覚しているかどうかは別として、心理的に満足感を感じさせてくれるものを求め、それを与えてくれるものに引かれる。あなたが、自分のトレーディングシステムやトレーディングルールを設けるときは、それが自分にとって本当に必要なものかどうかを確認してほしい。そうでないと、結果を見たときに、初めてあなたが本当に心から求めているものを知ることになってしまうかもしれない。

また、意図しない結果は、必ずしも一〇〇万分の一の確率で起こるわけではない。それに、たとえ一回しか起こらないとしても、トレーディングを始めて最初の二五〇回のトレードまでに一〇〇万分の一の出来事に見舞われることだって十分あり得るのだ。

第6章

感情の死角

心の知能指数――言い換えれば自分自身を理解すること――を数値で表すアルゴリズムはない。

この業界で残念なことは、一部の有名トレーダーがとんでもないことを仕出かしたり、ときには犯罪を犯してマスコミの注目を集めることである。カービエル、マドフ、ハンター、リーソンなどという名前を聞くと、想像を絶する巨額の損失が思い浮かぶ。マドフが靴を何足持っていたかという記事ならば見たことがあっても、「三〇年間も、一二％のリターンを続け、ドローダウンはわずか二％のトレーダー――顧客は彼にひれ伏し、彼の名前を子供に付け、妻を差し出す」などという見出しが躍ることはけっしてないだろう。

スコット・パタースンの『ザ・クオンツ――世界経済を破壊した天才たち』(角川書店)で有名になり、定量分析的なトレーディング会社のトップであるクオンツたちは、予想外の巨大な損失に見舞われ、大打撃を受けた。ボアズ・ウエンスタイン、クリフ・アスネス、ピーター・ミュラー、ケン・グリフィンなどが運用していた資産の価値が激減したのだ。明暗を分けたのは、彼らのトレーディングモデルのなかにある心理的な死角だと私は思っている。彼らは、自分たちの計算が完璧で、マーケットの動きをすべて説明できると信じていた。しかし、彼らは目先のことしか見ていなかった。彼らのモデルは、同じ状態が続くという前提で設計されていたのである。しかし、実際にはそうならなかったので、クオンツたちはその想定外のことを考慮すべきだった。テキサス・ホールデム（ポーカーの一種）の愛好者たちは、手札の使い方を間違えたのだ。ときには、ポケットトエースのように強力な手でもゲームから降りるべきときがある。ところが、**彼らは自分のポケットエースを破る手はないとばかりに突き進んでしまったのだ。**

彼らの偉大な定量分析モデルは数学的なエレガントさを備えていたが、彼らの会社（サバ、ＡＱＲ、ＰＤＴ、シタデルなど）は巨額の損失を被った。サブプライムローン危機の影響が広がるなかで、ブローカーはさらなる追証を要求した。クオンツたちのファンドはどれも似たような証券を保有していたため、みんなでいっせいに追証を請求された。彼らのやり口はトランプのカードの山から一枚抜いて、別の崩れかけた山に乗せていくようなものだった。山のカードは素早く抜いて処理しなければならないため、スピードが重要だ。もしカードを素早く抜けないと、次の瞬間には、価値が大幅に下がってしまうことがある。これが追証の怖いところなのである。マネーマネジャーたちはブローカーに言われるまま建玉を清算してファンドに要求される委託証拠金レベルを満たし、レバレッジを下げてリスクを減らした。追証は、その日のうちに収めなければならないため、マネーマネジャーたちはチキンゲームを強いられる。だれが最初に売るのか。価格が反転するのを待ちすぎると、下落によってさらなる追証を請求されることになるかもしれない。ちなみに、追証は株数ではなく、金額に基づいて請求される。

そのうえ、相手はプライムブローカーと呼ばれるブローカーで、プロップトレーディング（自己資本の運用）も行っている。つまり、彼らは現金を調達するために何を売るべきかが分かっているだけでなく、窮地に陥った大手ファンドの目の前で空売りして自分たちは利益を上げることもできる。もちろんこんなことはすべきではないが、トイレでの喫煙と同じでみんなやっている。

クオンツたちのモデルは、ポジションを調整して損失を避けたり、かつてのように利益を上げたりすることはできなかった。彼らにとってはすべてが想定外だった。ただ、事態はあり得ない展開を見せていたが、予想できないことではなかった。そこからクオンツモデルはほころびが見え始め、彼らは起こりそうもない出来事に賭けることはできなくなっていた。

事態をさらに複雑にしたのは、政府が介入して金融株の空売りを禁止したことだった。そして、マネーマネジャーたちにとってこれは想定外のことだった。空売りの禁止は、彼らのモデルの特性のひとつを奪い、全体のバランスを崩した。彼らのモデルは、金融株や商品先物を同時に売ったり買ったりしたり、株を空売りしたりしていた。空売りとは、今日高いと思う証券を売り、明日安くなったところで買い戻すことで、安く買って高く売ることと変わらないが、順番が逆だ。彼らにとって、空売りは非常に重要なテクニックであり、これを禁じるのはピカソから青い絵の具を取り上げるようなものだった。ちなみに、その一〇年前にはＬＴＣＭ（ロング・ターム・キャピタル・マネジメント）でジョン・メリウェザーと二人のノーベル賞受賞者も似たような経験をしている。ＬＴＣＭでも「一生に一度しか起こらない」ような出来事が、歴史的に見ればほんの短い期間に数回も起こるなどとは、だれも想定していなかった。しかし、自分自身を理解することができているトレーダーは「逃げ道」を作っているため（例えばオプショントレードや柔軟な判断力など）、チョークホールドや羽交い締めに遭うこともない。

クオンツたちの名誉のために言えば、当局による金融株の空売り禁止は下落を拡大させないための方策だったが、事前に法律や規制が変わることによるリスクを予想するのは不可能だ。クオンツたちは空売りを単独で行っていたのではなく、ほかのテクニックと組み合わせて行うことで資産全体のリスクバランスを保っていた（少なくとも彼らはそう考えていた）。空売りを禁じられた彼らは、新しいモデルでのトレードを強いられた。新たな禁止令を出すことで、政府はクオンツたちに新しいアルゴリズムを使ったトレードを強要したのだった。このケースは、当局のすることが益よりも害となる好例と言える。**しかし、仮に規制が緩和されたとしても、クオンツたちはボラティリティが上がればリスクを減らすべきだった。**レバレッジかポジションサイズを減らさなければならなかったのだ。彼らは、モデルから金融株や銀行株を外すこともできたはずだし、レバレッジを減らせば、簡単にリスクを相殺できていただろう。

エド・スィコータならば、ドクター・スースをマネて「彼らのモデルは、うまくいかなくなるまではうまくいっていました」と言うかもしれない。損失を出すことは違法ではないし、本章の冒頭に書いたように、このクオンツたちは違法行為をしたわけではない。ただ、巨額の資金と顧客の信頼と評判と実績を失っただけのことだ。

破綻劇はたいてい次のような経過をたどる。

●あるモデルやアルゴリズムを何カ月（ときには何年）か検証したところ、素晴らしい成果が期待できそうだ。
●実際のトレーディングを始めて何年かがたつと、そのモデルは重要な発見のように評される。
●マーケットか業種で、不測の事態が起こる。世間からは偶発的な異常に対処できないと非難され、「万事休す」。
●不意を突かれたマネーマネジャーは、この出来事に対処する準備ができていない。しかし、彼のなかではまだ勝負は終わっていない。
●マスコミと顧客から解決策を求められるが、マネーマネジャーはこのような事態はバックテストで想定済みだとして同じモデルを使い続けようとする。これまでの方針を変える必要はない。
●前の出来事が氷山の一角だと感じた顧客が解約するため、マネーマネジャーは最も流動性が高い勝ちポジションを手仕舞わなければならない。その結果、流動性が低く、高レバレッジの負けポジションばかりが残る。ポートフォリオは、雑草だらけの庭になってしまう。

●残った投資家の誠意は報われない。
●ファンドもその会社もいつ崩壊してもおかしくない。しかし、マネジャーは異常事態に気がつかなかったことは自分の過失ではないと思っている。

私は、年間の運用手数料が正味利益の二～二〇％のファンドならば、異常事態への対処は確実にマネーマネジャーの責任だと思う。痛手になる出来事を避け、利益になる出来事を利用することは、彼らの仕事なのである。

もしアルゴリズムや高レバレッジのモデルの歴史を学べば、これは普通のことで、けっして極端な出来事ではないことが分かるだろう。問題は、それがいつ起こるかであって、起こるかどうかではない。

しかし、もし不測の事態を考慮に入れておけば、現金を保有し、ポジションサイズを小さく抑え、レバレッジはほとんど掛けず、解約する顧客には喜んでクイックブックス（小切手作成ソフト）で小切手を振り出して円満に別れることができる。モニターにパンチをしたり、電気スタンドを投げたりすることもないのだ（好きでするのならば別の話だが）。

私もそうだが、読者の多くの方々も、ウエンスタインやアスネス、ミュラー、グリフィン、そして彼らが雇っていた才能あふれるアナリストやトレーダーのような知力を持っていない。しかし、心の知能指数にカギをかけることはだれにもできないし、新しいことを学ぶことはだれにでもできる。いくつか挙げておこう。

教訓一　自分の死角が分からなければ、リスク管理は十分ではない。あなたにも私にも死角はある。ひとつでも多くの死角を把握できれば、それを避けるための行動をとったり、モデルにその対策を組み込んだりできる。

教訓二　投機的なポジションのヘッジはしない。これらは手仕舞うしかない。金融の世界にバンドエイドはない。

教訓三　想定外の出来事が起こったことでリスクが特定できないならば、一刻も早く現金にすべし。資金をリスクにさらしていなければ、すっきりした頭で考えることができる。

教訓四　レバレッジを使わなくても、CTA（商品投資顧問業者）やヘッジファンドマネジャーやプロの投機家になれる。**小さい値動きで利益を得ようとしてレバレッジを掛けるのは、ガソリンスタンドでタバコを吸うようなものだ。**このことは、HFT（高頻度トレーディング）に関する私の最大の懸念になっている。過剰なレバレッジは、すべての暴落や巨大ファンドの崩壊の主な要因となっている。

悪党たち

ここに挙げた「悪党たち」は、それぞれの会社に巨額の損失を与えた。これらの事件は多くの人の職を奪い、社員や顧客の信頼を裏切った。彼らは受託者としての義務を怠り、顧客の利益を第一に考えていなかった。

- ソシエテ・ジェネラルのジェローム・ケルビエル　七〇億ドル
- ベアリングス銀行のリック・ニーソン　一四億ドル
- アマランス・アドバイザーズのブライアン・ハンター　六六億ドル

彼らはエゴ、つまり自分の出世を優先した。そして、「ヒーロートレード」を推し進めた結果、壊滅的な損失を出すことになった。アマランスとベアリングはもう存在すらしない。

三人のギャンブラーは最初の大きな損失で自分たちのボーナスが危うくなると、倍賭けどころか破綻するまで賭け続けていった。彼らは、巨額のボーナスや自分の地位や勝利の気分を得るだけのために、損失を取り返す以上の賭けに出た。それに加えてトレードの仕方も知らないから破滅したのだ。トレーディングとは自分自身を理解し、利益が損失を上回るようにすることで、ギャンブルは良い気分になるためにするものなのである。

ちなみに、このなかにバーナード・マドフは含まれていない。彼は憎むべき知能犯罪で五〇〇億ドルの被害を招いたがトレーディングはせずに、顧客の資金を盗んだだけだった。彼は反社会的人物ではあるが、トレーダーではない。

利益は、幸運か才能によってもたらされる。悪党たちが破綻したことから考えれば、彼らが才能よりも幸運に恵まれていたとは思えない。**思いは具現するものである。**

そして、最終結果は行動から予想できる。

悪党のなかでも、最も悪質なのがジェローム・ケルビエルである。彼は何人ものパスワードを使って自分のトレードを処理し、例えば三人のトレーダーになりすまして、同時にトレードしたりしていた。このような人物は考え方も特殊で、頭の中で仮想のチェスの試合でもしているつもりだったのかもしれない。残念ながら、彼が勤務していた銀行は大金を失った。

三人のなかで最も自己中心的なのは、ブライアン・ハンターだ。彼は、会社の資産の五〇～六五％を一つのトレードにつぎ込んだ。これがどれほど愚かなことかは、新人ブローカーでさえ分かる。私は、アマランスのニコラス・マオウニス社長にも責任があると思う。部下のトレーディングや決済をしっかりとコントロールできていないことは、職務怠慢と言わざるを得ない。プライムブローカーは、すべてのポジションを説明しなければならない。このような見過ごしがあったあとで、この会社はどのようにして資金調達をするのだろうか。

私は、マオウニスがハンターとの対立を避けるあまり、リスクを減らせと言えなかったのではないかと思っている。もしかしたら、ハンターが「それなら辞めてやる、そうなると評判に傷が付くぞ」などと脅したのかもしれない。私は、アマランスのケースはリスク管理を怠ったことが損失の原因ではないと思っている。彼らはリスクがどこにあるのかは分かっていた。この事件の核心は、マオウニスとハンターの関係にあり、ハンターに引導を渡せる人間が社内にいなかったと考えれば、彼が勝手にトレードできたことの説明がつく。

マオウニスの気持ちのなかにある何かが、ハンターのエクスポージャーを削ることを阻んでいた。私の内なる声は、どれほど優秀でどれほど戦略的に優位をもたらすとしても、ひとりのトレーダーに会社全体に影響を及ぼすほどのトレードをさせてはならないと言っている。

ハンターやアマランスのトレード相手がケンタウルスのジョン・アーノルドだったと言われていることには驚かないが、それは何のなぐさめにもならない。**心の知能指数も内なる声も持っていなければ、それはトレーダーではなく慈善家と呼んだほうがよい。**彼は、相手が世界一の天然ガストレーダーであるアーノルドであろうとなかろうと、そんなことは関係なしに資金を掛けていたのである。これによって、会社は成長する代わりに崩壊してしまった。

連邦エネルギー規制委員会（ＦＥＲＣ）は、ハンターに対して三〇〇〇万ドルの訴訟を起こし、米国商品先物取引委員会（ＣＦＴＣ）は、天然ガスの価格操作を試みたということで、ハンターをすでに追放している。このようなトレードは、市場全体に暗い影を落とすことになる。

三人のなかで最初に教訓を得たのはニック・リーソンだった。彼は、いわゆるマーチンゲールシステムが数学的に機能しないことを証明してくれた。このシステムは、損失が出るたびに掛け金を二倍にすれば、いずれはトントンに戻ることができるとしている。しかし、トレンドに逆行するトレードで行われるマーチンゲールシステムは、結局は悲惨な結果に終わることが多い。

例えば、あるトレードで五〇〇ドルの損失が出たとしよう。このとき、マーチンゲールシステムでは次のトレードで一〇〇〇ドルを掛ける。しかし、そこで取り返せなければ、次は二〇〇〇ドルだ。そこでまた失敗すると損失は三五〇〇ドルになり、その次は四〇〇〇ドルを賭ける。先にも書いたとおり、マーチンゲールシステムはうまくいかない。これは感情的なリスク管理方法で、どんどん深みにはまっていく。トレードするたびに損失がふくらみ、強迫観念が増していくのだ。もしリーソンやケルビエルやハンターのように、トレンドに逆行したトレードでマーチンゲールシステムを使えば、一度はうまくいっても次は必ず破綻する。もしこれがうまくいくとすれば、それはたまたま運が良かったにすぎない。

ただ、この連中が意図的にマーチンゲールシステムでトレードしていたわけではないということは強調しておきたい。彼らが意識していたかどうかは別として、彼らの感情に任せた行為がこの結果をもたらしたのである。エゴを捨てて小さい損失を受け入れることを学ばないと、このような悪循環に陥っていく。トレーダーたちは、まさか自分にそんなことが起こるとは思っていないが、あるときトレード結果を見て突然感情的にトレードしてしまう。しかし、トレーダーはどのような場合でも、結果と感情を切り離しておかなければならないのである。

トレードするときは、その過程に集中し、結果にとらわれてはならない。このような厳格な姿勢をとることが、流動性を保ちながらトレーディングを長く続けていくことにつながる。「すぐに取り返す」という考えは死のスパイラルなのである。損失を小さく抑えれば、そのようなことに巻き込まれることはけっしてない。

負け犬の言い分

失敗トレードを再現してみよう。今日の小さい損失のうちに損切りをすべきだが、バカな人間に見えることを避けたいためにそれをしないあなたは、のちにさらに損失を増やして落胆する可能性が高い。

そして、それが惰性につながり、マーケットがさらに資産を奪っていくのをあなたは気分を害しながら眺めることになる。負けポジションはいつでも手仕舞うことができたのに、それをしなかったのはあなたなのだ。それなのに、マーケットが動かなくなったとか不正操作されたとか、言い訳をする。あなたが正しいことをあえてしなかったのは、ある気持ちになることを恐れていたからだ。一応、マーケットに参加しないという選択肢もあるが、それはどのようにポジションを取ればよいのかが分からないときで、今ある資産を守らなければならないときではない。煙の臭いがしたら、大火災かもしれないつもりで行動すべきなのである。

感情の数学

「間抜けに見えることを避けたい気持ち」＞「すべての資金を失う気持ち」

感情のバロメーターを作って自分のさまざまな気持ちに感じたい順番を付けないかぎり、プロのトレーダーのように自分の気持ちと自分の目標が合った行動をとることはできない。

トレーディングはすべて感情に支配され、感情はあなたが支配している。いつ損切りするのかを決めるのはあなたなのだ。損失は、感情的な面と資金的な面の両方の側面がある。しかし、損切りという行動を実行するかしないかを決めるのは、あなたの感情である。ときには、トレードに「ノックアウト」されたあと（損切りをしたあと）で、価格が順行することがある。しかし、あなたにとって正しい公式は次のようになる。

「安心感」＞「小さく損切りしたあとに価格が順行するのを見てイラつく気持ち」

理由は、またいつでももっと高い価格で仕掛けることができるからだ。ナンピンして全体の平均値を下げようなどとは考えないでほしい。

エース・グリーンバーグは、ベア・スターンズのトレード記録をチェックして、負けトレードは例外なく損切りしていた。また、自分が管理していたトレード口座については、「下げが九〇日に達したトレードはすべて売却する」という一括注文を出していた。『マーケットの魔術師』に登場するトレーダーたちも、みんな一様に「損失は小さく抑える」と述べている。

ジム・ロジャーズの言葉を借りれば、「含み損などというものは存在しない」。**大きな損失も、最初は小さい損失だったはずだ。**一〇%の損失は、二%の損失や五%の損失を経てそこまで大きくなったのだ。**負けトレードは、のど元に迫るまで待たずに、膝の高さぐらいで損切りしてほしい。**

第7章

あなた自身がブラックボックスになっている

「勝兵は先ず勝ちてしかる後に戦いを求め、敗兵は先ず戦いてしかる後に勝ちを求む」——孫子の兵法プロのマネーマネジャーも個人のトレーダーも、コンピューターでトレードを管理している。彼らは毎日データを調べ、次の日に市場が開いたらどうすべきかを考える。彼らは、厳しいバックテスト（マネーマネジャーや技術のある個人トレーダーが過去データを使ってトレーディングルールを検証すること）を経たうえでさまざまな指示を出していく。これらのルールは価格に基づいて作られ、二〇～三〇年分のデータを使って検証してある。

これらの指示のなかには、既存のポジションをどのように処理するかや、何を売買し、どのくらいの逆行で損切りするかをはじめ、何よりも重要な一回のトレードでのポジションサイズをどれくらいにするかなどといったことが含まれている。

これらのルールは、スプレッドシートのマクロに似ている。これらの指示は、人が実行するかキャンセルしなければ執行されない。このようなルールの一例を挙げておこう。

金一二月限が過去五日間高値を一ティック上回ったら買う

つまり、金一二月限が過去五日間の最高値よりも一ティック上回ったら、このモデルは買い注文を出す。金の場合、一ティックは〇・一〇ドル（金額では一〇セント）と決まっている。新高値は、進行中のトレンドがさらに上昇していることを示しているのかもしれない。

ここまでは簡単だ。しかし、バックテストで損切りをどのように設定するのかは難しい。機械的にトレードすれば、トレード時間のほとんどで小さい損切りばかりに見舞われ、半分以上が負けトレードになるだろう。これを数学的に見てみよう。

年間平均リターン	一四％
最大ドローダウン	二二％
最大ドローダウンの期間	八カ月

もし今日作った自分のルールを一〇年間以上続けていれば数学的にどれほどの成果が上がっていたかは、今のあなたならば分かるだろう。ただ、損失を出したり、二二％のドローダウンが八カ月間も続いたりしたときの気持ちは想像がつかないかもしれない。

もし他人の資金を運用しているならば、損失が出たことに怒った顧客の電話からも逃れることができないだろう。顧客はおそらく「この程度の結果ならば、手数料を払ってあなたに頼む必要はない。こんな結果ならば、うちのファイナンシャルアドバイザーと変わらない。あなたに預ける優位性は何なのか」などと言ってくるだろう。

顧客の資金を預かって運用を始める前に、自分自身を理解するということを十分にしておかなければならない理由はここにある。ただし、理由はこれだけではない。自分自身や顧客に「私ではなくてシステムのせいです」などと言っていると、資金は減り、顧客には解約されてしまうだろう。運用するのはあなたで、それはあなたが行うトレードなのである。自分の失敗をほかの人のせいにすれば、顧客の信用を失い、顧客とマネージャーの関係は修復不可能な致命的なものになる。

もし感情のシステムを考慮しておかないと、あらゆるシステムについて学んだり、「ハウツー」本を読んだりしてトレーディングの知識を身につけても、トレードのやり方は分からない。私に会いに来るトレーダーのほとんどはこのタイプで、彼らはトレーディングの基本はきちんと理解しているが、効率的なトレードができていないのだ。彼らが何千ドルも無駄にする前に、自分の感情について学んでくれることを願っている。ある賢明な知人の言葉を借りれば、**「心の問題を解決するための外用薬はありません」。**もしトレーディングで苦しんでいるのならば、マーケットや商品についてさらに知識を増やすよりも自分自身について学ぶべきなのかもしれない。

トレーディングシステムを採用すれば、トレーディング中に起こるあなたの感情面での大きな起伏を抑えてくれると考えるのは、まったく間違っている。これは、その場で反証できないことを信じさせるための宣伝文句で、システムを買って幻滅し、自信を喪失し、不安になって初めて本当のことが分かる。

トレーディングシステムさえ採用すれば、破綻する可能性を排除できるなどと思うのは間違っている。タートルズ（リチャード・デニスとウィリアム・エックハートが養成した投資家集団）の第一期生のうち二人の門下生は、教えられたルールを順守できなかった。デニスとエックハートがすぐ横で見ていても、だ。メンバーのひとりは、ルールよりも良い方法があると考え、何度もシグナルを無視したため破門された。もうひとりは、自称「最高」の生徒だったが、言われたことを守らず、何度も資金の補充を受ける羽目になっていた。彼は、習ったルールをさらに良くすることができると考えていた（商品投資顧問業者［ＣＴＡ］のバークレーヘッジによれば、トレーディング記録が残っていない門下生はひとりしかいない）。二人は才能に恵まれていたし、次の二つの条件もそろっていた――①同じクラスの生徒はルールをきちんと順守していた、②いつでも相談できるメンターが二人いた。それでも、二人は与えられた重要な任務に失敗したのである。

自己を破滅に追いやる威力が分かっただろうか。精神の酷使や支払うことになる手痛い授業料から逃れることのできる人などいない。トレーディングシステムを持つことと、それに従うことは別なのである。

「だけどマイク、それならばビル・ダンはどうなるんだ」という質問が出るかもしれない。ダンは、トレーディングを始めるよりかなり前に理論物理学の博士号を修得している。彼は学生時代に、彼自身の感情を科学者のあるべき感情のシステムに適合させている。そしてその結果、研究活動を通じて、自分を信じるということを学んだ。彼は何度も失敗したが、それでもまた実験を繰り返した。何事においても、この継続こそが成功のカギとなった。さらに、ダンは大学生に物理を教えていた。彼は自分の専門知識を磨き、数学で説明できることと説明できないこと（両方とも同じくらい重要）があることを学んだ。

ある特定のルールに従ってトレーディングをしていると、感情のシステムがゆっくり動き始める。しかし、ここで考えすぎると、頭の中がグチャグチャになる。エド・スィコータが、ある生徒のことについて話してくれたことがある。名前は教えてくれなかったが、彼のシステムは**「構え、狙って、狙って、狙って……」**と呼ばれていたそうだ。それは、直前になって考えすぎてしまうため、けっして引き金を引くことができなかったからだ。リスク管理の最前線にいるにもかかわらず、トレーディングの結果が不確定であることに耐えられなかったのである。スィコータほどのメンターがついていてもそうだったのだ。

トレーディングの世界では、チャートの基本知識を学んだだけでいきなりトレードを始めようとするトレーダーが多すぎる。それでは仕掛けることはできても、手仕舞うことができない。知識だけで、トレーディングを成功させることはできないのである。自分自身についてよく理解している人たちは、自分の死角が分かっている――そして死角はだれにでもある。このような自分についての認識があれば、謙虚さが身につき、謙虚さがあればコーチやメンターの効果も高まる。

トレーダーとして成功するためには、謙虚さのほかに大変な忍耐も必要となる。心は、あなたが望むほど速くは成長しない。心についての学習が技術的な知識と同じ水準に達するまでにはしばらく時間がかかる。さらに、あなたの死角も変わってくる。これは動いている標的と同じなのである。それに、あなたのトレーディングルールも進化する。状況は周期的に変わっていくため、トレーダーにとって学習が終わることはない。

「忍耐」というのは、トレーダーの間ではいろんな意味を持つ言葉である。これは感情そのものではなく、行動していないときの心の状態と言ったほうがよいだろう。**我慢しなければならないとき、自分はどういう精神状態になるのだろうか。**イライラするのだろうか、それとも不安になるのだろうか。それとも何とか折り合いをつけようとするのだろうか。あなたの周りには常に忍耐を強いるような人物がいるのだろうか。そのことがあなたの行動に影響を及ぼしているのだろうか。その人との関係はどのようなものなのだろうか。

その人が、株やオプションやFXや商品先物だったらどうかと想像してみてほしい。

私は、我慢しなければならないとき、自分を意識的に瞑想状態に置く。行動を一時停止するのを楽しむということを、独学で体得したからだ。瞑想は地下鉄の駅で一六一街行きの電車を待つ短い間でもできる。

我慢しなければならないときには、強い意思が必要となる。集中力を維持するためには精神的なエネルギーがいる。私の場合は、瞑想が長い間にわたって集中力を維持するための助けになる。瞑想は、あらゆるものから解き放たれたように感じさせてくれる。それは、私を地球上のすべての人たちが待ってくれるという気持ちに近い。

あなたはどこに向かっているのだろうか。そんなに急がなければならないのだろうか。マルコム・グラッドウェルは、『天才！　成功する人々の法則』のなかで、どんな分野でも専門家になるためには一万時間の学習が必要だと書いている。あなたが我慢する時間は、すべてこの一万時間のうちに含まれる。つまり、この我慢する時間も良い意味であなたの役に立っているのだ。リスクを管理し、負けを認めることで、「命取りにもなりかねないマーケットの盛衰」（トレーダー・マンスリー誌で殿堂入りしたビクター・スペランデオの記事「ツー・ザ・ビクター」より）を知ることができるのだ。

気持ちのうえでのメリットは、あなたの「トレーディングルール」が有効だということである。ただ、偶然に大きく儲けると、そういうことを繰り返す可能性があることはリスクと言えるだろう。そのうちに、レバレッジを掛けすぎるとか、ポジションを大きくしすぎるという初心者にありがちな過ちによって、サブプライム危機で大損失を出したクオンツたちと同じ目に遭うかもしれない。

もしモデル化したシステムをデザインするのが目的だとしても、それを自分が完全に理解できていないものと組み合わせることなんてできるわけがない。それが自分自身ならばなおさらだ。つまり、あなた自身がブラックボックス（コンピューターを使ったトレーディングシステムを表すスラング。高頻度のトレーディングのことではない）になっているのである。トレーディングルールは、何をしてくれるのかが分かっていれば簡単だ。しかし、もし自分自身を知らなければ、離陸や着陸ができないのにオートパイロットで飛行しようとしているようなものなのである。

そして、ここにはあなたが思っている以上に問題がある。例えば、あるトレーディングシステムを開発するのに二〇〇〇ドルを使い、リアルタイムのデータを更新するために毎月数百ドルがかかるとする。つまり、マーケットで運用を始める前に一万ドル近くは必要だと見ておいたほうがよいことになる。

完成したシステムを試してみると、満足のいくシミュレーション結果が出た。ところが、これまで使っていたA社のデータは値段が高かったので、B社からデータを買うことにした。こういうことはよくある。

Ｂ社のデータを使った検証結果とＡ社のデータを使った検証結果を比較してみると、トレーディングルールは変えていないのに、大きな違いがいくつか見つかった。どちらの結果を信じるべきなのだろうか。

そこで、別のトレードシミュレーターを持っている友人に頼み、Ａ社とＢ社のデータそれぞれで、トレーディングルールを検証してもらうことにした。すると、また違う結果が出たのだ。結局、二人が行った四回のバックテストで、まったく違う四つの検証結果が出たのである。

何ということだろう。これは四捨五入などによる単純な違いではない。それではデータに問題があるのだろうか。しかし、データには手を加えていないし、Ａ社とＢ社のデータはきちんと分けて保存してある。ソフトとデータに使った金額はまだ三〇〇〇ドルで、この時点で気づいたのは幸いだった。しかし、あと七〇〇〇ドル残っているのにシステムに確信が持てない。

想定外の出来事に混乱したあなたは、データ会社のカスタマーサービスに問い合わせるが、他社のデータについては分からないと言われてしまう。彼らは自社のソフトウエアで検証した結果は信用できるという。

あなたは、シミュレーション結果を五〇人の顧客に送るつもりだったが、まだ印刷はしていなかった。結果はPDFファイルで保存してあるので問題はない。しかし、これからどうすべきなのだろうか。トレードを一件ずつチェックするのか、それとも「モンテカルロ法による独自テストの平均結果を紹介する」ということにすればよいのだろうか。

もしかしたら、第6章「感情の死角」で紹介したクオンツやウエンスタイン、アスネス、ミュラー、グリフィンと同じ道をたどることになるのだろうか。彼らがたった一種類のプログラミング言語を使ってこのような現象をどう処理するのか興味がある。

「平和のために汗をかくほど、戦争での流血を減らすことができる」——ジョージ・S・パットン将軍

ブレイクアウトトレーダー

プロの預かる資金の変動率は大きいのが普通だが、大手のヘッジファンドが新人のマネーマネジャーに資金を配分するとき、下落や上昇の激しい日はトレードを避けるように彼らに指示している。彼らには、新人のマネーマネジャーが優れているのか、単に幸運なだけなのかが分からないため、結果はランダムだと考えるのだ。ボラティリティの高いシステムは、大きなリターンを求める個人客には喜ばれるが、私の経験から言えば、そういう顧客はドローダウンに耐えられずに、結局は解約してしまう。彼らは毎日電話を掛けてきてマーケットについて質問してくるため、それは人生で最悪な経験になる。彼らをなだめつつ、ポジションサイズを縮小しなければならない。また、システムを運用しながら、「方向性のある複数のポジション（ディレクショナルユニット）」に関して、膨大な相関研究もしなければならない。しかし、もし最初の二～三年のリターンを年率一二％、ドローダウンを四％とすれば、新規顧客が押し寄せてくるだろう。

気持ちのうえでは、毎月五〇～一〇〇％などといったリターンを上げて即座に喜ぶのか、それともドローダウンを小さく抑えて年間一二～二二％といった中程度のリターンで一年を終えてその結果に満足するのかを選択できる。前者は奇跡を求める熱狂的な人たちを引きつけ、後者は年金や基金などを運用するプロに喜ばれる。どちらのタイプの人たちと一緒に仕事をしたいかはあなた次第だ。

支持線と抵抗線を使ったトレーディング

これはトレンドフォロー型の一種で、チャートにおける価格と時間の支持線と抵抗線に注意を払うものである。価格が次の抵抗線に達するまでは買い増し、新高値を付けると手仕舞う。すべてのポジションに損切りの逆指値注文を置いておき、もしマーケットが逆行すれば即座に手仕舞うようにしておく。そして、支持線がブレイクされれば空売りして、抵抗線の上に損切りの逆指値注文を置く。

この場合のあなたは、自分が買い増すよりも早く買い増したブレイクアウトトレーダーをうらやまないことである。もしかすると彼はあなたよりも早く大きな利益を上げるかもしれないが、反対にポジションサイズが大きいため、あなたよりも悲惨で、大きいドローダウンに見舞われるかもしれないのである。

移動平均線を使ったトレーディング

ディック・ドンチャンが考案した移動平均線を使ったモデルは、短期の五日移動平均線と長期の二〇日移動平均線という二本の移動平均線を組み合わせている。

移動平均線は、価格の日々の変動をならすもので、それによってその銘柄の性質をとらえ、トレンドを示してくれる。ドンチャンのモデルでは、短期の五日移動平均線がなだらかな二〇日移動平均線を下抜くと、売りシグナルと考える。

しかし、ときにはこのシグナルがダマシで、利益になったはずのトレードを手仕舞ってしまうこともある。トレーダーは手仕舞ってポジションを持っていないのに、価格がさらに思った方向に動いているときのイライラと付き合っていかなければならない。

短期線と長期線という二本の移動平均線は、日々のデータに対する反応が違う。もし今日の価格が大きく変動すれば、残り四日間の平均でならしている五日移動平均線のほうが大きく動く。反対に、二〇日移動平均線のほうは残り一九日間でならした平均なので、今日のデータへの影響は小さい。

ダン・キャピタルのビル・ダンとジョン・W・ヘンリーのジョン・ヘンリーは、このモデルを使っていると言われているが、細かい点はドンチャンの考案した初期モデルとはかなり違うのだろう。

このモデルはダマシのシグナルも多いため、すべてを実行すると資金が続かない。そこで、利益率を向上させるため、例えば移動平均線が交差してから一～五日後にシグナルが出るようにするなど、フィルターを追加するという方法もある。

ただ、シグナルを遅らせると、その間に順行してしまう場合もある。また、日々のデータが移動平均に反映されるのには時間がかかるため、手仕舞いのシグナルが出るまでに含み益のかなりの部分がなくなってしまう可能性もある。

確率を使ったトレーディング

ポーカーをしていると、勝率は常に変化していく。ドライブに出るとき、ＧＰＳは予想到着時間を教えてくれるが、途中で事故やそれによる渋滞が発生するかどうかまでは教えてくれない。何かが起こるたびに、最初の予想到着時間に着ける可能性は変わっていく。

確率を使ったトレーディングは、リアルタイムで変化するあなたの感情の起伏に自動的に合わせてくれるという意味で、最高のトレーディングルールシステムなのかもしれない。この手法では、特定のリスク単位を使わずに、現在の価格の動きと過去の同様の動きの変化率を比較して、ポジションサイズを調整していく。また、リスクを管理するため、作戦やツールも変更していく（彼らは損失を厳密に限定しながら、利益チャンスを最大にすることを狙っていく）。

例えば、今日までの一〇日間でＳ＆Ｐ五〇〇が一〇％下落しているとする。確率を使うトレーダーは、この時点では空売りを仕掛けるべきではないと考える。なぜだろうか。Ｓ＆Ｐ五〇〇の中期的な下落の平均は、一四日で一二％下げるため、今回の動きをそのデータに当てはめると、下落はほぼ終わっていると考えられるからだ。つまり、ここで空売りを仕掛けないことで、彼らは期待値に見合った行動をとったことになる。

この時点で彼らが注目するのは、底を打って反転する時期で、それが分かれば上昇が始まるところで仕掛けることができる。もちろん、マーケットの動きが長引くこともあるが、彼らは例外が自分に有利になることを期待し、ポジションサイズを調整しながら対応していく。

確率が分かっていれば、勝率は計算できる。例えば、賭けでオッズが四対一ならば、勝つチャンスは二〇％ある。ただ、今の動きが実質的に勢いを失っていれば、積極的に仕掛けるメリットも有利なポジションサイズもない。空売りも時間の無駄だろう。

この手法は、銘柄ごとにファンダメンタルズを研究しなければならないため、どう対処すればよいかが分かるまでに時間がかかる。もし退屈な作業が嫌いならば、各銘柄がどのくらいその動きを続けるのかや、どのくらいその動きが大きいものになるのかを調べるのはつらい作業になるかもしれない。その一方で、リワードとリスクの結果が最適ではないトレードに資金をつぎ込むという無駄を避けることができることは、気持ちのうえで大変楽になる。しかし、この手法でも、例外的な出来事が起こる可能性を予測することはできない。

間違えるのは構わないが、間違ったままでいることはよくない。小さい損失を何度も出すことは、この仕事の一部なのである。早目に負けを認めて、先に進んでほしい。

第8章

レラティブバリュー戦略

たとえ株や商品をトレードしていなくても、すべての人はレラティブバリュートレーダーである。レラティブバリュートレーダーとは、単純に二つ以上の選択肢があれば、あるひとつのものを選択するということである。例えば、イングリッシュ・マフィンよりもベルギー・ワッフルを選ぶとか、ケーブルテレビよりも衛星放送を選ぶとか、ブリーフよりもボクサーパンツを選ぶなどといったことだ。人は自分が選んだ物に対しては強気になり、選んでいないものに対しては弱気になる。ちなみに、この場合の強気とは、自分の選んだもののほうがより価値があると感じることである。

あるトレードについて見ていこう。イギリスを旅行しているあなたに、友人がロンドンにあるベスト・リトル・ベルギーワッフルを食べてみるよう勧める。これは新しい店だが、ベルギー人の作るワッフルは最高で、この店はイギリスで大ブームになっている。そこで、あなたはこの会社が上場されていて、フランチャイズの可能性もあることに気づく。もし世界中がこのワッフルの味を知れば、この会社の株の人気も上がると考えられる。ただ、ブームに火が付くのはロンドンからではないだろう。ロンドンっ子たちが朝食を大好物のクランペットからベルギーワッフルに変えるとは思えないからだ。それでも、ベルギーワッフルはとてもおいしくて、朝食以外にも食べられるので、あなたはベルギーワッフルに対して強気になる。短期的に見れば、クランペットよりもベルギーワッフルのほうが需要が高くなる可能性が高い。これをトレーディングに当てはめれば、「ベルギーワッフル買い、クランペット売り」とするところだ。

人はこのような判断を常に行っている。それなのに、これと同じことをしないトレーダーがたくさんいることが私には不思議でならない。株式市場では、このような手法をペアトレード（サヤ取り）という。これは、二つの銘柄の一方を買って、もう一方を空売りすることだ。また、商品先物市場では、同一銘柄でのサヤ取り（同じ銘柄の異なる限月で買いと空売りを同時にすること）や、異銘柄間でのサヤ取り（異なる銘柄で買いと空売りを同時にすること。例えばカンザスシティ小麦を買ってシカゴトウモロコシを空売りするなど）と呼ばれている。この二つのポジションは、レッグ（足）と言われている。

私が行った最高のサヤ取りは、マイクロソフト（ＦＳＭＴ）を買い、ネットスケープ（ＮＳＣＰ）を空売りしたトレードだった。世界中のデスクトップＰＣのＯＳの九〇％以上を制するマイクロソフトが強い影響力を持っていることはだれにでも分かる。そして、マイクロソフトがインターネットエクスプローラー（ＩＥ）をウィンドウズに組み込んで無償で提供するようになると、ネットスケープは競争力を失った。私のトレードは両方のレッグで利益が出た。二〇年間トレーディングを行っているが、両方とも利益になったのはこのケースしかない。

私は、ネットスケープのネットスケープナビゲーターも優れていると思っていたが、それだけでは太刀打ちできないほどマイクロソフトは市場を席巻していた。そのため、私はネットスケープの製品のほうが好きだったが、賢明なトレードをするために同社を空売りした。自分のポートフォリオに入っている銘柄や、これからトレードするつもりの株に感情移入してはならない理由はここにある。「ゴッドファーザー　パート３」のマイケル・コルレオーネの言葉を借りれば、「敵を憎むな、判断が狂う」だ。

有名なペアトレードのなかでもジュリアン・ロバートソンのトレードは素晴らしかった。彼は典型的なロング・ショート・トレードの株式ファンドマネジャーで、彼の部下は作戦会議で買いの候補しか出さないと、調査が足りないと叱られた。それはロバートソンが良い空売りの候補があることを知っているからで、部下たちはそれが何かを探し出さなければならなかった。

私は、マイクロソフトの製品を多用しているわけではないが、トレーダーとしての目的は気に入っている銘柄をトレードすることではなく、利益を上げることなので、ここは客観的に判断しなければならない。私は、社会的責任を負ったトレーダーではないが、資本主義者なので、利益を上げなければ生活ができないのだ。

サヤ取りをするとき、ある間違いが元々備わっていることを忘れてはならない。二つの銘柄のうち一つは、損失になることが考えられるのだ。これは資金的な心配事ではなくて、感情的な問題で、オプションでストラドルやスプレッドを売買するときにも同じことが言える。

私は、マイクロソフトのパフォーマンスがネットスケープを上回るかどうかを計算したうえで、マイクロソフトを買い、ネットスケープを空売りした。しかし、もし両方とも上昇したときは、マイクロソフトのほうがより大きく上昇して、その利益がネットスケープを空売りした損失を上回ることを願う。両銘柄とも上昇したときでも、サヤが広がれば私にとって有利になる。

図8.18.1は、マイクロソフトとネットスケープのサヤを示している。

図8.18.1の数値は、マイクロソフトの株価からネットスケープの株価を引いた値で、最初に短期間だけサヤが縮まったあとは、広がっていった。サヤが広がるためには、いくつ

図8.1　マイクロソフトとネットスケープのサヤ

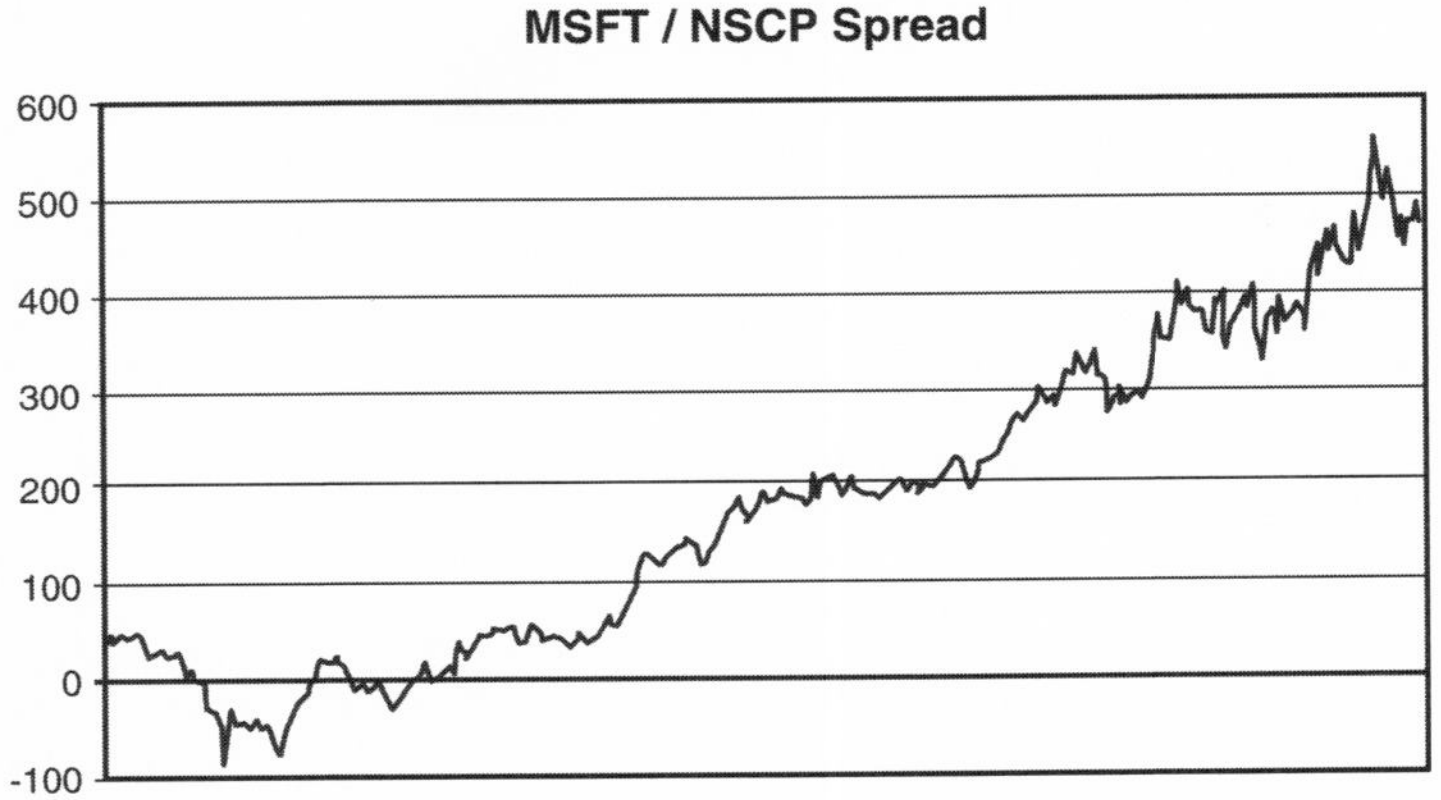

かのパターンがある。

●マイクロソフトは上昇したが、ネットスケープはマイクロソフトほど上昇しなかった

●マイクロソフトが上昇して、ネットスケープは横ばいだった

●マイクロソフトが上昇して、ネットスケープは下落した

●マイクロソフトは横ばいだったが、ネットスケープが下落した

●マイクロソフトは下落したが、ネットスケープはマイクロソフト以上に下落した

プロのトレーダーは、何らかの形でサヤ

取りを取り入れている。この手法には、一方向に賭けるポジショントレードのような興奮はないが、大きな損失に苦しむこともない。

証券の場合は、どの分野の銘柄であるかの影響が大きい。つまり、会社がどの業種に属しているかで大きく左右され、商品のような周期的な動きはしない。そのため、両方の銘柄とも有利に動くとは期待しないでほしい。もし同じ業種のライバル会社でサヤ取りをするならば、両方とも業種の方向に左右される。もしその業種が上昇しそうならば、そのなかで最も元気な銘柄と最も出遅れている銘柄を組み合わせればよい。そのときは、レラティブストレングスという優れた指標が、業種にも個別銘柄にも利用できる。

また、同じ業種の銘柄をトレードすることによって、ヘッジを掛けることもできる。もしマーケットが大幅に下落すれば、空売りしたほうの銘柄が利益になって、感情的な痛みと資金的な損失をいくらか相殺してくれる。

あなたのトレーダーとしての信念のなかにも、本来的に間違いが備わっているが、トレードオフ（プラス面がマイナス面をカバーしていること）があることでそれを乗り越えることができる。つまり、このトレードオフこそが、感情面を落ち着かせるカギとなるのである。特定のトレードに魅力を感じたトレーダーが間違いを犯しても安心していられる理由は、顧客に約束したとおりの戦略でトレードを選び、それを実行して責任を果たすことで、口座の安定性を保つことを委任されているからなのだ。さらに言えば、プラスサイドの利益が、マイナスサイドの損失を補うというメカニズムになっているからだ。

常に正しくありたいと思うトレーダーにとって、この種のトレードは適していない。ちなみに、クオンツを主体とするファンドの多くは、何らかの形でサヤ取りを行っている。また、サヤ取りはボラティリティが低いトレードでもあるため、口座の資金が一週間で一〇％も上下するような可能性は低い。

もし一方向に賭けるポジショントレーダーとして機会を探せば、何らかのトレードはきっと見つかる。しかし、悪い手を引いてしまったポーカープレーヤーのように、勝つよりも役なしで終わる回数のほうが多くなるだろう。毎回この例を出すのは、私の助言を求めて来るトレーダーにとって、彼のトレーディングスタイルは彼の動機の一部である感情そのものを表しているにすぎないからである。ただ、このことはリスク管理とはまったく違う。もしマーケットに翻弄されることなく利益を求めているならば、株式のサヤ取りを試してみるとよい。

インターネット上には、自己資金の四倍までつもり売買ができるサイトがある。大胆なトレードはそこで試せば、命拾いをするかもしれない。

サヤ取りがうまくなるためには、空売りができるようになる必要があるが、空売りのトレーダーの性格は、買いのみのトレーダーのそれとはかなり違う。CFA協会認定証券アナリストのジョン・デルベッキオが初めて空売りを経験したのは、プルーデント・ベア・ファンドのデビッド・タイスの下で働いているときだった。彼は、まるでベストセラーの『ミレニアム1——ドラゴン・タトゥーの女』（早川書房）でも読むように目論見書を読んでいた。

デルベッキオは、生まれながらの空売りトレーダーというわけではなかったが、彼の性格は空売りにぴったりだった。彼の手法について尋ねたことがあるが、人とは違う思考回路が必要だという答えが返ってきた。彼の場合、それは法廷会計士の経験と、殺人を担当する刑事並みの直感から来ている。彼は、「盗みの現場を押さえるのが大好きなんです」という。

デルベッキオは、買いのみのトレーダーが思っているような会社を所有しているという意識は幻想だと言う。経営陣はそのことは分かっているし、そういうことに基づいて会社を経営している。しかし、**「株を買ったとしても、支配権を持つほど十分な株数を持たなければ本当の意味での所有者とは言えません。**もしタイコの本当の所有者ならば、ＣＥＯ（最高経営責任者）に一万五〇〇〇ドルもするシャワーカーテンなど買わせないはずです。しかし、彼は買ってしまいました」（二〇一一年三月に著者が行ったインタビューより）。

仕掛ける前に何時間も調査に費やしたトレードであっても、彼は自分のポジションに執着しない。彼は、「ポジションに感情的な思い入れはありません」「私にとって、株は単なるティッカー（銘柄コード）で、トレードを識別するものでしかありません」と言う。ポジションに執着していなければ、トレード結果に入れ込みすぎることもないため、リスクをよりうまく管理できる。

この考えは、ウォーレン・バフェットの考える会社を所有することや株主を均等に扱うこととはまったく違うが、それこそがトレーディングなのである。デルベッキオは、自分の性格と完璧に一致するトレーディングの手法とそのやり方を探り当てた。つまり、そうだからこそ、彼は長い期間にわたってこの規律を守ることができたし、トレーディングを楽しむことができたのである。

実は、デルベッキオは私のトレーディングスタイル（ほとんど裁量に任せる）や私がこの何年かに行ったトレードを知っていて、「あれは良かった」と言ってくれた。ただし、私のスタイルは彼には向かないし、私も彼のように企業の年次報告書を隅から隅まで読もうとは思わない。

サヤ取りには空売りに伴う無限のリスクなどの心配事があるため、万人向けの手法ではない。同じ商品のトレードは相関性が非常に高いが、サヤ取りのトレーダーは正しくあろうとは思っていないため、気にしていない。彼らは同じ銘柄の異限月のものを使って相対価値（サヤ）で利益を上げようとしているだけなのである。

サヤ取りのボラティリティは、組み合わせた銘柄（レッグ）の個別のボラティリティよりも低くなる。しかし、商品の生産や消費に伴う季節性は利用できる。例えば、ある時期になると石油精製会社は灯油の精製からガソリンの精製に切り替える。これは寒い季節が終わって夏のドライブシーズンが始まる前の時期で、このころになると気温が暖かくなってガソリンの需要が高まっていく。トレーダーは、灯油とガソリンの生産における周期的な需要に基づくさまざまなサヤを利用して利益を狙っていく。

似たようなことは、天然ガスにも言える。三月がライオンのようにやってきて羊のよ

図 8.2　2010 年 3 月限の天然ガス

出所＝ FutureSource.com

うに去っていくと、プロのトレーダーは天然ガスの三月限と四月限を利用してサヤ取りを行う。**図8.2**は、天然ガス二〇一〇年三月限のチャートである。サヤを形成する一方の限月のチャートは、多くのトレーダーが家庭を顧みずトレードに一生懸命になるため、その効果にちなんでウイドウメーカー(未亡人製造機)というぴったりの名前で呼ばれている。

図8.2は、NYMEX（ニューヨーク商品取引所）天然ガス三月限の大きな動きを示している。

図8.3　2010年4月限の天然ガス

出所＝FutureSource.com

このときの価格は、六・六〇ドルから四・〇〇ドルくらいまで下がり、空売りの利益は1枚当たり二万六〇〇〇ドルに達した。天然ガスの価格が〇・〇一ドル動くと、トレーダーにとっては一〇〇ドルの利益か、損失になる。

図8.3は、ウイドウメーカーの二本目のレッグである四月限の価格を示している。

この図は、天然ガス二〇一〇年四月限の値動きを示している。こちらも六ドル強から四ドルまで下がり、一枚当たりの利益は

図 8.4　天然ガス 2010 年３月限と４月限のサヤ

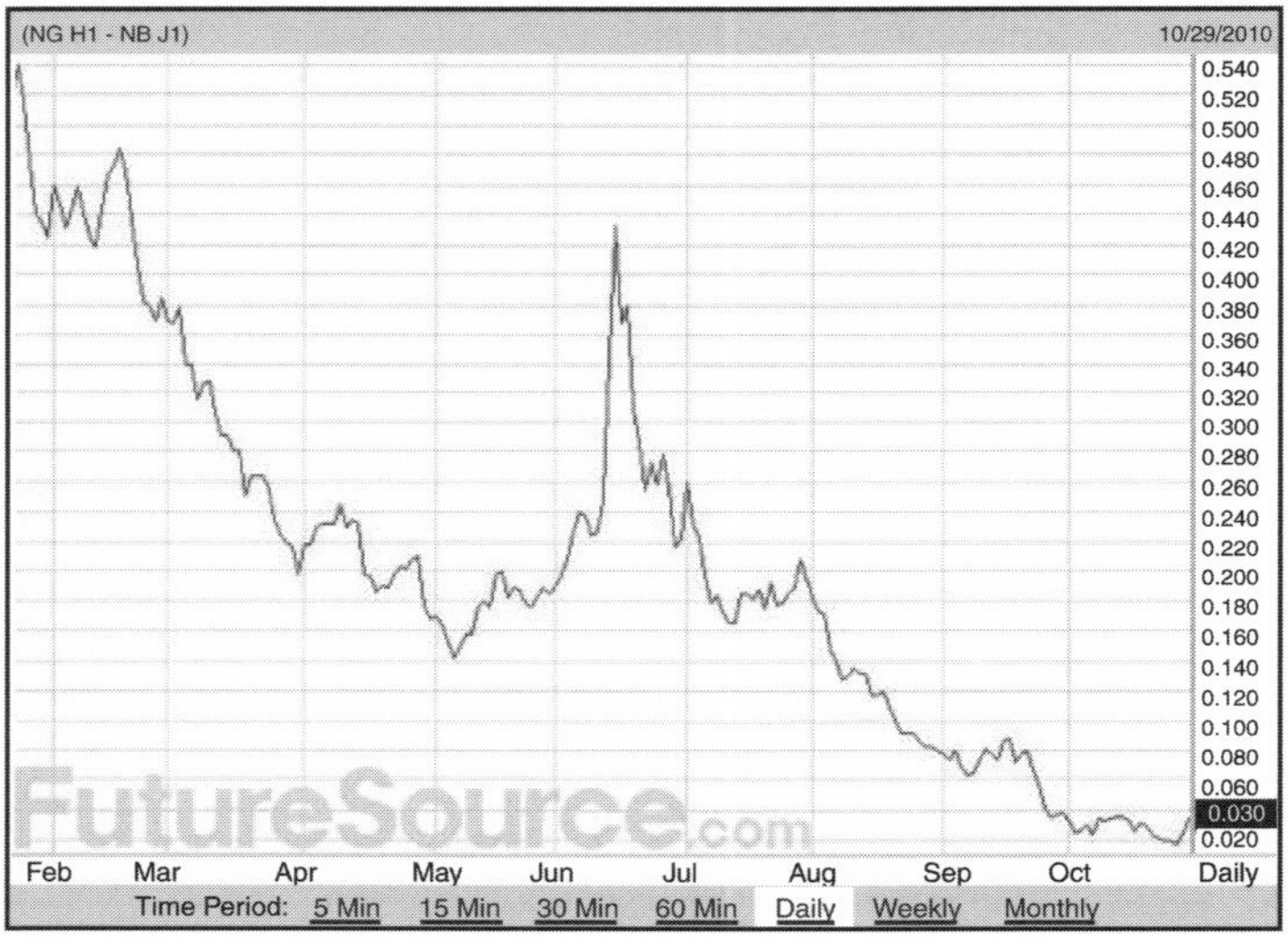

出所＝ FutureSource.com

二万ドルに達した。

しかし、三月限と四月限のサヤは**図8.4**のようだった。

サヤは最初は三月限が四月限よりも〇・五二ドル高かったのに、最後には〇・〇三五ドル（三・五セント）とほぼ同ザヤになっている。トレーダーにとっては、「サヤがなくなってしまった」のである。

このトレードのボラティリティと大きな値動きに注目してほしい。各限月の大きな下落に比べて、サヤはその約二〇～二五％しか下げていないが、利益率

図8.5　天然ガス3月限と4月限の1997年から2011年の傾向

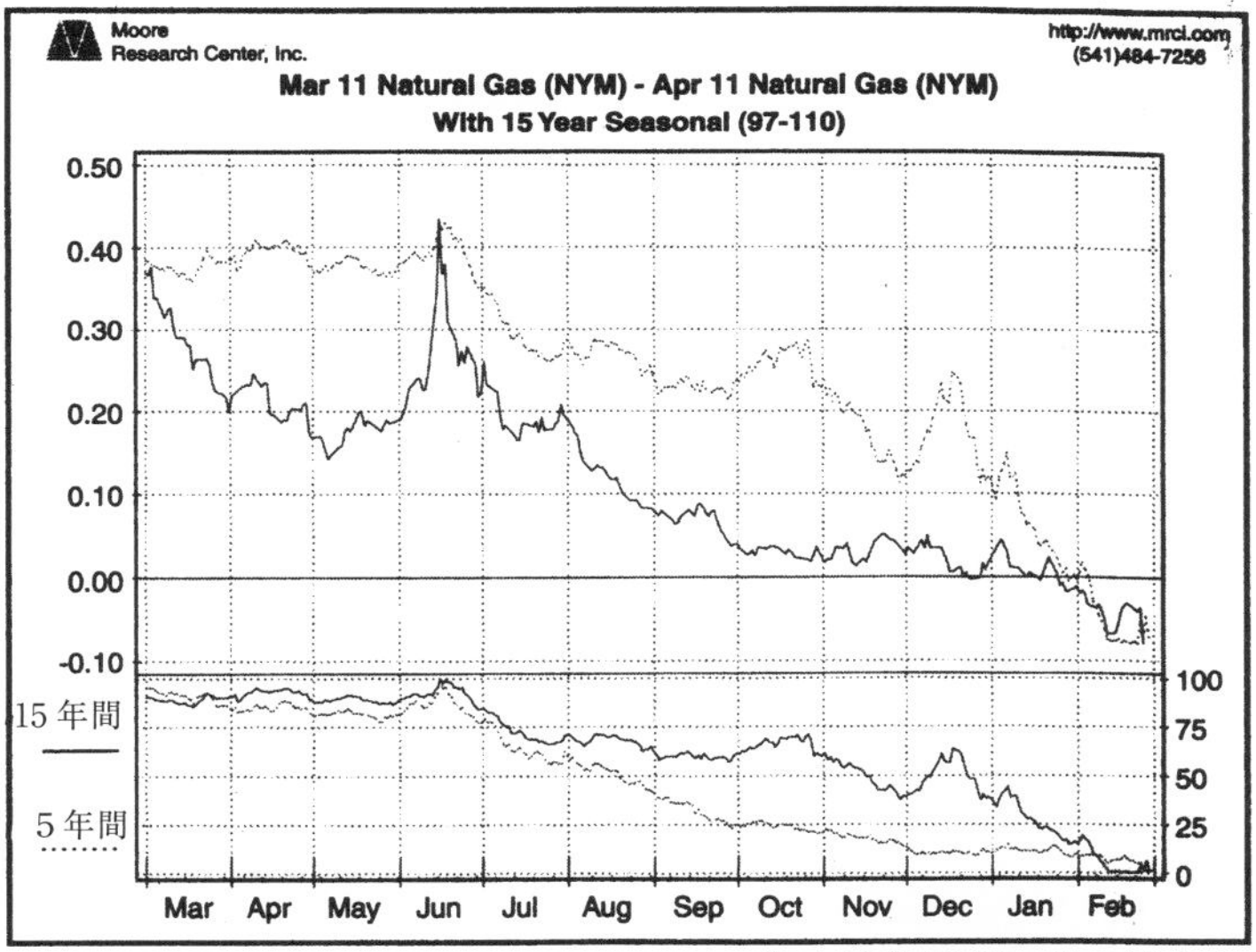

Copyright (c) 1989-2011 Moore Research Center, Inc.

出所＝ムーア・リサーチ・センター・インクの許可を得て引用

は高い。**図8.5**は、過去一五年間におけるサヤ取りの季節性を示している。

　このサヤには、何十年にもわたる天然ガスの周期的な需給に基づいた季節性がある。サヤ取りのトレーダーやヘッジャーは長期的なデータは信頼している。第6章「感情の死角」でも取り上げたが、アマランス・ファンドの天然ガスのトレーダーだったブライアン・ハンターは、トレンドに逆行してトレードしたために、ファンド自体を破綻させてしまった。これはあなたにも起こり得ることだ。サヤが逆行したときに彼がしたことは、古い言い方をすれば「おバカなアプローチ」、つまり損が少ないうちに損切りせずにナンピンをしたのだった。そして、高レバレッジと、サヤが詰まっているのにマーケットに長くとどまりすぎたことが致命傷になった。

ただ、私はむしろハンターが明確なトレンドを認識しながら、逆のサヤ取りをしなかったことに驚いている。彼は天然ガスのトレードのスペシャリストとして知られており、マーケットの状況が理解できていなかったわけではないし、同様のトレードを過去に何度も行っていた。しかし、この最後では彼の感情の赴くままにトレードし、会社を潰してしまった。彼は、自分の間違いを認めることができなかったのである。

サヤ取りにどう取り組むかは、自分はどのくらいのリスクならば安心していられるのかということに大きくかかわっている。方向性戦略を用いたポジショントレードであろうが、ゆっくりだが安定した手法であるサヤ取りであろうが、どちらでも利益を上げることはできる。トレンドはどこにでもあるが、最終的にはどのトレードオフがあなたに影響を及ぼすのかということが、あなたにとって最適な手法を選ぶ決め手となる。一方のレッグ（この場合は3月限の空売り）で利益が出たとしても、4月限の買いのほうでは損失が出るかもしれない。しかし、サヤ取りのトレーダーは２つの銘柄の相対的な動きに賭けているため、それぞれの銘柄の動きは気にしない。彼らは、一方の銘柄が他方の銘柄よりも速く大きく下落（または上昇）することを期待してトレードしているのだ。

これは、新人トレーダーにとっては難しい。彼らは、上がると思ったら買い、下がると思ったら空売りしろと教えられているからだ。サヤ取りは投資のようにトレードして、時間をかけて徐々に思った方向にサヤが変動するのを待たなければならない。そして、そのためには典型的な商品先物のトレードのように短期ではなく、数週間から数カ月間保有しなければならない。

第9章

損失の恵み

トレードを始めたとき、そのトレードによる結果には、あらゆる可能性があり、そのなかには自分でコントロールできるものと自分でコントロールできないものとがあることが分かった。短期間のうちに損失を出してマーケットから退却せざるを得ないかもしれない。あるいは、最初は勝ってもそのあと負けてやめざるを得なくなったり、やる気を失ったり、自信を喪失したりするかもしれない。テクニカル分析を学べば、そのノウハウでトレードできるかもしれないが、いずれは巨額の損失という試練に遭い、自信が打ち砕かれて退散を余儀なくされるかもしれない。ちなみに、このようなことは、**『マーケットの魔術師』**（パンローリング）に登場するトレーダーたちの話にもよく出てくる。ここで重要なことは、トレーディングを始めてすぐに経験するこのような試練を生き延び、安定的に利益を上げていける自分のトレーディングプログラムを作り上げていくことなのである。

不利なマーケットや失敗トレードや負けが続く時期や不運に見舞われても、その時期を生き延びてきた人たちは、自分自身を理解しようとする気持ちが非常に強いように思える。本章では、七年間もチベットの山奥にこもらなくても自分自身を理解する能力を高めていくことができる方法について述べていく。成功しているトレーダーの多くは、本来の自分自身を理解することと普遍的な実践力を持っている。私にとって『マーケットの魔術師』と共に座右の銘としているのがゲシェ・マイケル・ローチ著『ダイヤモンドの知恵――古代チベットの教えに学ぶ富を得る秘宝』（ＰＨＰ研究所）で、このなかのいくつかの言葉をよく引用している。

トレーダーのなかには、損失を出すと自信を失ってやめてしまう人がいる。その一方で、人生のすべてを費やして技術面と精神面の準備を整えたうえでトレードに臨んでいるのに、道徳心がないとか倫理観がないなどとマスコミにたたかれる人もいる。しかし、豊かな生活が送れることや、上位一％の稼ぎを上げることが必ずしも「悪い」ことや「道徳に反する」ことにはならない。

ローチは右の本のなかで、「アメリカやそのほかの西側諸国では、精神的な生活（ここでの「精神」は、「神を信じる」という意味ではなく、自分が自分よりもはるかに大きい何かの一部だと考えること）を目指す人が成功したり、大金を稼いだりするのは間違っているという考えが広まっています」と書いている。しかし実際には、大手のＣＴＡ（商品投資顧問業者）やヘッジファンドの多くが基金を設立したり、多額の寄付を行ったりしている。また、寄付の多くは毎年特定の金額を約束しているため、運用に失敗すると寄付はポケットマネーから出すだけでなく、収入に対する割合も大きくなるため、彼らにとって損失の影響は一層大きくなる。

マーケットの仕組みをもう一度思い出してほしい。マーケットでは、売り手と買い手が、その価格ならば喜んで取引してもよいとして、出会う場所である。マーケットはいつでも、売ったり買ったりしているヘッジャーや投資家で構成されている。彼らが売買することによって、商品先物市場では出来高が構成され、世界のどこでも通用する価格が「発見される」のである。言い換えれば、価格はだれかが付けるものではなく、取引所での売りと買いの合計で決まるのだ。

大手のCTAの多くは、コンピューター化したモデルでリスクを厳密に管理している。トレーダーたちは何重ものコンプライアンス基準を経て、それぞれの権限の範囲でトレーディングを行っている。こうした安全対策は、トレーダーだけでなく、プロの顧客を守ることにもなっている。『ダイヤモンドの知恵』のなかで最も紹介したいことのひとつは、普通で健康な生活を送れる以上のお金を稼いでも倫理上の問題はまったくないということだ。ただ、そのときは、そのお金がどこから来たのかを理解する必要はある。「それができていれば、お金を儲けることと精神的な生き方を調和させることができます。むしろ、そうすることが精神的に生きることの一部となります」。毎年、何億ドルもの利益を生み出しているCTAは、顧客のためにドローダウンを小さく抑えて安定した利益を上げることだけに集中し、なかにはそれを二〇〜四〇年もの間、ずっと続けている会社もある。

損失は、相反する感情を生み出す。トレーダーは、この相反する感情と付き合っていく方法を見つけなくてはならないが、これは突き詰めれば豊かな気持ちと損失を出したときの惨めな気持ちの違いということになる。豊かなのにお金を失うという概念を合理的に説明するのは難しそうなので、その助けになる理論を紹介しておこう。

損失を小さく抑えるためには、損切りの逆指値注文を置くという方法がある。逆指値注文とは、注文を実行する価格を選ぶということで、買いの逆指値注文は、現在の価格よりも上に置いて、上昇して空売りポジションの損失が膨らむことから守っている。反対に、売りの逆指値注文は、現在の価格よりも下に置いて、下落して買いのポジションの損失が膨らむことから守っている（逆指値注文は、仕掛けるときにも使える。注文は指定した価格に達したときに成り行き注文になって執行されるため、執行価格は指定した価格と乖離する場合もある）。逆指値注文を置いておけば、マーケットが成り行き注文を出す間もないほど素早く動いてブレイクするようなことがあっても、資産を守ることができる。商品トレーダーは損切りの逆指値注文によって生き延びている。もちろんこれはほかの株式トレーダーについても同様のことが言える。

エド・スィコータの教えのひとつに、**良い逆指値注文とは、「だれかにリスクを喜んで引き受けてもらいたいところに置かれている」**というのがある。この教えは、逆指値を置くというのは少ない損失を受け入れるということとはまったく関係がない、と言っていることが素晴らしいのである。この教えのポイントは、リスクを「喜んで」引き受けてもらいたいという部分にある。これは、あなたが積極的に逆指値注文を置き、あなたも次の保有者も同じように喜んでこのトレードを行うことを意味している。あなたは、最悪の場合にどれくらいの損失ならば受け入れるのかを常に自分で意識して決めている。そして、逆指値に達して注文が執行され、損失が出たときに、どのような気持ちになるのかも想像できる。要するに、逆指値注文を置くところから、それが執行され、損失を受け入れるときの感情の起伏やそのときにどう感じたかまで、起こったことすべてがあなたの責任の下で行われる。

こうすることで、トレーダーは自信と自分でトレードをコントロールしている感覚を得ることができる。トレーディングで利益を上げるには、小さい損失を受け入れること（もしくは何もしないで勝ちトレードを伸ばすこと）しかないことを理解していれば、気持ち良く小さな損失を受け入れられるだろう。これは、トレーディングで利益を上げるためのシナリオの一部で、マーケットの魔術師たちや彼らに続いて成功したトレーダーたちもみんな行っている。損切りの逆指値注文は、それが執行されたときに最小限の損失で手仕舞うことができ、結局は口座の残高が維持できるという安心感を与えてくれるのである。

トレーディングの原理と逆指値注文を使うということはうまく一致する。私が知る偉大なトレーダーの多くは根っからのコントラリアン（逆張り派）である。コントラリアンは大衆と同じようには考えないし、大衆は偉大なトレーダーのようには行動しない。だからこそ、トレーディング日記をつけることはとても貴重なのである。それ以外に自分の考えやなぜその考えに至ったのかを記録する方法はない。記録することで、自分の考えがどのように進化し、その間に何が自分にとって役立ち、何が役立たなかったのか（どちらも同じくらい重要）がより理解できるようになる。例えば、コントラリアンの発想をすると、自分の考え方が少数派だと気づくかもしれない。トレード日記には、自分の考え方についてどう感じたかも書きとめておくとよい。また、お金や金融について習ったことのすべてを、こっそりと日記のなかだけで試してみるのもよい（『ダイヤモンドの知恵』より）。

偉大なトレーダーは、自分自身の考えや感情、そして学校で習ったことのすべてを乗り越えて損失管理に生かす。行動するとき、みんなに従ったり一緒に並んだりしていては先頭に立つことはできない。これはリーダーではなく、追随者の行動だ。しかし、トレードは一人でするもので、トレーダーは自分のトレードに関しては先生であり生徒でもある。そして、日記が教科書になる。**この時点で、あなたがこれまで意味もなく信じてきたことを手放すことができるようになっていると思う。**意味もなく信じてきたことは、「自分に安心をもたらすためのもの」の一部にすぎなかったのである（『ダイヤモンドの知恵』より）。

もちろん、損失は問題のあることやマイナスなことに見える。しかし、大切なことは、勝ちよりも負けのほうが多いことが普通であるこの仕事で生き残っていくことなのである。このような世界でも豊かな気持ちでトレードを始めるためには、リスク管理の仕組みで「子供のころから教え込まれてきた伝統」を打ち破り、逆指値注文などの賢いテクニックを取り入れていく必要がある。多くのトレーダーは、損失を出すとリスクを減らす。資金の八％を失えば、残りの資金の七〇％（実際には九二％が残っていても）でトレードして、損失がポートフォリオ全体を不安定化させるのを防ぐのである。この作戦を使えば、水門を効果的に補強することができる。そうなると、次の問題は「自信を持って効果的にトレードするためには、どのように損失と付き合っていけばよいのだろうか」ということになる。

トレーディングの損失に耐えているときには、自分の内なる声による叱責ではなく、励ましが聞こえてこなければならない。なかには、高圧的な親や愛する人によって、無意識のうちにあなたが人生においてできることの限界を信じ込まされてしまった人もいるだろう。しかし、そのような教えは、あなたの内なる声――損失はこの仕事の一部だということを理解しているあなたのプロとしての内なる声――と置きかえなければならない。そのためには母なる自然が授けてくれた思考から自由になり、自分を防御する殻を破って想像力を働かせ、資金的にも感情的にも自分に合う方法を見つけださなければならない（『ダイヤモンドの知恵』より）。

問題は、私たちの最大の敵が自分自身だということにある。私たちは目先のことしか見ていない。刑事が犯罪捜査をするときは、目撃者が八人いれば八人全員の話を聞く。それは、八人それぞれが起こったことに対して独自の見方を持っているからだ。そこで、**「あなたの人生がこれからどうなっていくのか、あなたの思っていることが絶対に正しいとどうして言い切れるのか」**と問い掛けたい。あなたの考えは、目の前の現実に影響されていないだろうか。あなたの行動や見方について、あなたが思っているものとは違った解釈があるとは考えられないだろうか。

損失について新しい考え方を得るために、あなたの気持ちをもう一度見直してほしい。先週の損失におじけづいていたら、合理的な行動はとれない。『新マーケットの魔術師』のなかでリンダ・ブラッドフォード・ラシュキが株価テープに五分間隔で印を付けて、すべての銘柄のなかからうまくいったものとうまくいかなかったものを比較するという話をしている。このとき注目すべきは、損失が出たほうではなく、利益が出たほうだ。また、成功したときと失敗したときで実際の行動にどのような影響を及ぼしたかも書きとめておく。この作業は次の二つのことに役に立つ。トレーディングトライブの入口に立てることと、将来のトレードから学べること、だ。例えば、もし逆指値注文を置いて損切りをしなければ、さらに大きな損失につながったのだろうか。反対に、逆指値注文を置いたことで、損失を被るという経験を十分に積むことができなかったのだろうか。

これは良い練習になる。もしあなたが「学校ではカッコ良すぎる」タイプや自分の気持ちをきちんと説明できるタイプならば、どうして自分の間違いから学ぶことができると言えるのだろうか。私の経験では、話を聞ける人ほどトレーディングの講習で成長する。聞き上手な人は、最初は納得できないことやなじみがないと思った概念でも、集中して偏見を持たずに聞こうとするからだ。また、変なプライドを持たない謙虚な人のほうが、人の話を聞くのがうまい。そして、彼らは学んだことを用いて成功し、大金を手にする。

過去のトレードを見直したら、うまくいったことに注目して、変えたほうが良いところをどう調整するべきか考える。見直しなどしない人には想像もつかないことだろうが、こうすることがさまざまな意味で役に立つ。これこそが損失の恵みなのである。このような洞察を与えてくれるのは損失だけだが、自分の内面に耳を傾けてそれを書きとめなければ、せっかくの恵みを受けることはできない。

聞くことができたら、次はストレスの管理方法を学ぶ。ストレスはトレーディングの大きな割合を占めている。私が今の時点でこの仕事にストレスを感じていないのは、自分のトレードをある程度自分と切り離して考えているからだ。個々のトレードに特別な意味はないし、自分ならば勝ちトレードを負けトレードよりも多くできるなどとも思っていない。しかし、生徒たちの話を聞いていると、トレーディングを始めたばかりで、すでにストレスに苦しんでいる人が多い。彼らは、多くのトレーダー志望者が脱落していくことを知っているため、一人前のトレーダーになろうとすること自体がストレスになっているのだ。私は、彼らがコントロールできるところにエネルギーを集中させて、彼らのそのストレスが向かう方向を変えるように手助けする。損失をもっと広い視野で見ることができれば、それを管理する能力も上がる。**このように集中すれば、頭の「クラッシュダイエット」（短期間の厳しいダイエット）になり、損失が分析の思考過程を妨げないようにすることができる。**

脳は、感覚を通して意識的とか無意識にかかわらず、取り入れたすべての刺激に反応するように作られている。この過程がコントロールであり、脳は無意識のうちに自分が直したいところについて解決策を考えている。そして、この能力は損失に対する姿勢にも用いられる。

この過程は、自分が重要だと思うことに取り組んだり、人生におけるさまざまな雑音（例えばトレードで損失を出したときのストレス）に疲れ果てて精神的に消耗するのを避けたりする手助けになる。脳が受けた刺激の大部分は、生産的ではない。つまり、意識的にリスクを分散して逆指値注文を置いておけば、損失をもっと大きな視野でとらえることで、損失によるストレスを減らすことができる。

結果に関して言えば、私はいつも「真珠があのように大きなつぶに出来上がるまで」には時間がかかるという言い方をしている。トレーダーのなかには、すぐに何らかのひらめきを得る人もいれば、ずっと何も得ることができない人もいる。しかし、人生において価値があるものの多くがそうであるように、結果を出したければ自分の信念を貫かなければならない。トレーディングも同じで、ひらめきがいつ訪れるのかは分からない。何日かあとかもしれないし、何週間もかかるかもしれない。これはすぐに結果を出したい生徒には試練かもしれない。しかし、忍耐が必要なときにその気持ちを記録することは、素晴らしい訓練になる。人生には、忍耐が必要な場面がたくさんあるのだからなおさらだ。チベットの偉大なヨガ行者たちもこの方法を何千年も前から信奉してきたことを考えれば、この方法を信じて結果を待てばよいと思う（『ダイヤモンドの知恵』より）。

これがトレーディングにも応用できるのは、損失の経験が自信を打ち砕くからだ。ストレスを避け、分析に自信を持つことができるようになれば、損失に対する恐怖が自分のトレード手法の妨げにはならないし、トレーディングの能力も上がる。

トレーディング全体を見るときに、良い結果に注目したあとに、悪い結果には別の観点から見て学ぶべきことはないかということに注目してほしい。まず、うまくいったことはかならず記録してほしい。成功トレードが今のあなたを導いてきてくれたのだ。さらに、朝の一五～三〇分を使ってこれらのことを考え、自分をプラス思考にセットする時間を作ってほしい。そうすれば、マイナス思考や恐怖を前向きな気持ちへと変えさせることができるのだ。時間をとって、自分がどのようにトレードしたいかや、どうすればそうできるかを思い描いてみよう。その過程を日記に記録しておけば（ぜひそうしてほしい）、トレード能力も人生も思い描いた形に近づいていく（『ダイヤモンドの知恵』より）。

そうなれば、損失を出すことが、利益の追求を抑制したり妨げたりしなくなる。あとは、いくつかの基本的なテクニックに集中していればよい。想像力と創造力を駆使して、今日という日を勝って利益を上げようという雰囲気にセットする方法が見つかるだろう。

この方法によって、自分自身を理解することの感覚を磨き、必要なときに自分のすべての知恵を結集することができるようになる。これこそが、損失をトレード戦略全体の一部としてとらえる賢い視点から聞こえてくる内なる声なのである。

第10章

感情のスペシャリストになる

丹田呼吸法やヨガのポーズや何時間もの瞑想を経て、私なりに利益の出せるトレーダーになることができた。しかし、自分の間違いから最も多くのことを学んだと考えると、あまり満足したという感じはしない。

本やネットなどで紹介されていることとは矛盾するかもしれないが、ここでトレーディングのある一面に注目してほしい。それは、ひとつのツールや手法のスペシャリストになるということである。スペシャリストになるということは、本を読んだり講習を受けて知識を付けることだけではなく、自分が選んだツールや手法と自分の精神とのつながりを築くということでもある。あなたはこれからお金とかかわりを持つようになるが、そこで命綱となるのは、どのくらいのレバレッジにするのか、どのくらいの頻度でトレードするのか、専門にしようとしている銘柄は何かということである。

そう考えると、「感情のスペシャリスト」になるということは私が提案するトレーディングの境地に達するための必要条件となる。感情のスペシャリストには次のような特性が備わっている。

●理論的なタイミングやリスク管理に加えて、感情の持つ役割を認識してトレーディングに臨む。

●損失とは、トレーディングでは当たり前のことであり、あるときは利益になったり、あるときは損失になったりするものであり、それなりに正当な理由があり、トレーディングで成功するためには損失をコントロールすることがカギとなるということを認めて、損失を受け入れる。

●すべてのトレーダーにとって、持って生まれた性質が利益率を左右するということと、それがトレード対象を選ぶための技術的なスキルと同じくらい重要だということを認識している。

●人間の脳はすべてのインプットに反応するが、なかでも自分自身のために作り上げたインプットに最も反応する。自分が使いたいインプットを書き留めていけば、利益を上げるために自分が望んでいる道が見つかる。

リンダ・ラシュキは『**新マーケットの魔術師**』（パンローリング）のなかで、新人トレーダーがマーケットをよく理解したければ、マーケットを五分間隔で調べるよう勧めている。私は、本書の執筆のためのインタビューで、この助言について彼女に聞いてみた。すると、「価格を定期的に観察することにはいくつかの目的があります」「ものを書くときには、ただ座っているときとは脳の別の部分を使うでしょう」（二〇一〇年一〇月に私が行ったインタビューより）ということだった。これはとてもよく分かる。人は「読む、書く、聞く」という三つの方法によって学ぶからである。

ラシュキの分析には、内なる声を育てるという一面もある。**「書くことで、当事者意識を育て、集中力を高めることができます」**と彼女は言うのである。確かにこうして書く時間が増えると、集中力が高まってくるのが分かる。修道士は、完璧に瞑想できるようになるため、一日に何度も練習する。心が魔物だということは、何も考えずに座っていた経験があればよく分かるだろう。瞑想がうまくできるようになるためには練習が欠かせない。一度試して「自分にはできない」と考えるのは的外れだ。瞑想は集中力を育ててくれる。ラシュキ曰く、「結局、これが自制心を保つための助けになってくれます」（『新マーケットの魔術師』）。

自分自身を理解するということを瞑想するときのような状態まで質的に高めることができるのが、感情のスペシャリストの本質的な資質と言える。それができれば、自制のメカニズムを手に入れることができるだろう。予期しない損失に見舞われると、人は自分が自制心を失うことが直感的に分かる。そういうとき、瞑想は平静を保つだけでなく、なぜ損失が発生し、何よりも将来どのようにすれば損失をコントロールできるのかを理解する助けになってくれる。瞑想の効果をよく理解するために、内側から外側を見るのではなく、外側から内側を見るのだと考えてみてほしい。瞑想は、損失を理解するだけでなく、将来の損益や損失が出たときにわき起こる感情もコントロールする助けになってくれるのである。

損失の経験を、ラシュキの学習方法と関連づけて考えてみてほしい。瞑想は、延々とチッカーテープを読み続けることと同じだと思うかもしれないが（テープリーディングは、エース・グリーンバーグなど多くのトレーダーが使っているテクニック。トレーダーは価格を見ながら特定の参考ポイントを決め、そこから離れたところでトレンドの方向に仕掛ける）、彼女の手法はそれだけではない。「私は出来高が膨らんでいないか注意しながらテープリーディングすることで、普通とは違うことを感知します」「画面には、主な銘柄の価格と変化した率を記した一〇センチ四方くらいの枠がいくつか表示してあります。私は、何かが起こりそうなときは勘が働くので、それを出来高の増加と上昇トレンドで確認してポジションを増やします。さらに、関連銘柄に大きな資金の流れがあるかどうかも確認します」（二〇一〇年一〇月に著者が行ったインタビューより）。この言葉は次のように言い換えることもできる。

問題　ラシュキはどのようにしてマーケットを感じるようになったと思うか。
答え　目標を定めて集中力を高めていったから。

株価を五分ごとに記録することはマーケットそのものとはあまり関係がないが、あなたにとっては大きな意味がある。

ラシュキは、商品先物トレードの経験についても語っているが、ここでの練習はどの資産クラスのトレードにも応用できるし、役に立つ。

上級者になると、トレードツールやレバレッジやトレードする頻度に自分の感情をうまく調和させることができるようになる。トレーディングを構成する要素への自分の気持ちが分かれば、自分のトレードスタイルや、自分にとってどのようなトレーディングが最適なのかを把握することができる。このことは、感情のスペシャリストとして成功するためには欠かすことができない。

表10.1　感情の表出手段に基づいた株式トレーディング

レバレッジ	保有期間	国	マーケットバイアス
1：1	高頻度トレード	アメリカ	ロング
2：1	日中	アメリカ以外	ショート
4：1	1～3日		ペア（両方向）
6.7：1			
10：1			

少し時間をおけば、本書の重要な主張のひとつである「トレードツールやトレード方法は感情の表出手段以外の何物でもない」ということが分かってくるだろう。あなたがある銘柄を選んでトレードするのは、それによって自分が望む感覚を味わいたいためであり、反対に、ある銘柄を選ばなかったのは、それによって自分が望まない感覚を味わいたくなかったからである。

表10.1は、感情の表出手段に基づいた株式トレードを示している。この表は、数字の順番を気にせずに自由に組み合わせると、自分がなれる（なりたいと思う）九〇通りの感情が分かる。

これらを、「資金を失ったときの感情」という基準と比較していけば、自分にとって最適なトレーディング方法に近づくことができる。言い換えれば、好きになれない感情をもたらす組み合わせは除外して構わないし、むしろそうすべきだ。自分の感情とうまく合ったトレーディングのやり方を見つけることも、感情のスペシャリストになるために必要な要素なのである。

コーチやメンターや精神的な教祖やトライブチーフ（トレーディングトライブ、チーフドムなどはエド・スィコータが所有する商標）がいなくてもトレードはできるが、それでは長期的な成功は運に頼るしかない。最初からトレーダーに向いた感情の構造を持った人はまれにしかいないからだ。私は、幸運にも早い時期にこのことを理解し、利益を上げることよりも損失を小さく抑えることを重視して「駆け出し」の時期を過ごすことができた。

第3章「私が払った授業料」で紹介したシャーマン・ファーマスーティカルズの辛いトレードからまる一七年がたつが、今でも翌日の取引時間まで不安な気持ちで過ごし、夜にノドが焼けるような感覚をはっきりと覚えている。しかし、自分の間違いから学んだことはすべて、その後の役に立った。ある運用口座では一〇万ドルでトレードを始め、私は砂糖を三五枚買った。一枚当たりの証拠金は二〇〇〇ドルなので、七万ドルになったが、砂糖は九セントから二一セントに上昇したため、私は仕切りの逆指値注文を引き上げながら買い増していった（このときは含み益が出ていたので、この逆指値注文は「損切り注文」ではなくむしろ「利益が減るのを止める注文」と言える。前日よりも下がれば利益が減るが、それでも含み益は出ていた。このような言い方をするのは、私は常にマーケットでよく言うバイアスを探しているからだ）。

私が砂糖を買い始めたのは六～九セントのときで、一四～一五セントになるまで買っていったが、それでもまだ上がりそうだった。そして、めったにない天からの贈り物のように砂糖の価格は放物線を描いて三～四日で一八セントから一九・二五セントに上がり、その翌日の寄り付きはさらに一セント以上も上げて二一セントを超えた。空売りしていた人たちは大変なことになっていたはずだ。

私は担当者に電話を掛け、すべてのポジションの仕切りの逆指値を二一セントに置くように指示を出した。切りの良い数字に逆指値を置かないほうがよいことは分かっていたが、**過去二日間の急騰はマーケットからのまさにプレゼントだったので、私の一番の目的は資金を守ることだった。**

『マーケットの魔術師』のマイケル・マーカスの章で、私はどのようなマーケットでも大きな動きは見逃してはならないということを学んでいた。また、ジョージ・ソロスがスタンレー・ドラッケンミラーに、**ファンダメンタルズとテクニカルが同じことを示していれば、ポジションはいくらでも増やしてもよい**と教えたことも知っていた（セバスチャン・マラビー著『モア・マネー・ザン・ゴッド』）。そして何よりも、私がこれまで犯してきた間違いによって、**いつ何どきでも資金を守ることが最重要課題だ**ということを学んでいた。

このときの私は落ち着いていて、自分でも自制できていると感じていたことを覚えている。正しい手法でトレードし、砂糖の価格がどこで天井を打つのかを突き止めようなどとは思っていなかった。私は、システムが出す指示よりも大きなポジションを持っていた。これが裁量トレードだ。いつでも手仕舞えるように、すべてのポジションにトレイリングストップを置いた。逆指値を置いた価格は、金額的にも感情的にも満足感を得られるところに調整して設定した。私はマーケットに敬意を表しているし、私よりも砂糖のトレードについて詳しいトレーダーは何百人もいるだろう。ボラティリティが高いこのトレードで負けなかったのは幸運だったことも分かっている。さまざまな教えにも感謝しているが、私も毎日警戒を怠らず、プロテクティブストップを置いていることを常に確認してきた。

このトレードができたのは、自分自身を理解することができていたからであり、自分自身を理解することは私が唯一、コントロールできることなのである。そして、自分自身を理解することができていれば、一貫性と判断力はついてくる。**砂糖の価格が三倍になったのは、ただの偶然でしかない。私たちはマーケットの前ではまったく無力なのである。**

本音　砂糖がその年で最高のトレードになるとは思ってもみなかった。
本音　六セントから一五セントまで増し玉し続けるなどとは思ってもみなかった。
本音　今の砂糖の価格は私が手仕舞った価格よりも五〇％も高くなっているが、当時はそうなることなど思ってもみなかった。

ただ、そのときの私は、ディクソン・G・ワッツが執筆した『スペキュレーション・アズ・ア・ファイン・アート』（Speculation As a Fine Art）のなかで紹介していた資質を持っていた。

- 自立力
- 判断力

●勇気
●慎重さ

これらはどれもテクニカル指標ではなく、個人が持つ資質である。つまり、自制心（感情のスペシャリストの資質）は結局、テクニカル的な洞察よりもずっと大きな意味を持っているのだ。チャートパターンを研究してトレードのタイミングをうまくとれる専門家は尊敬され、マネされるかもしれないが、それも一回タイミングを間違えてすべてを失えばそれまでだ。そのとき、感情はどのような起伏を見せるのだろうか。このようなことが起こるのはけっして珍しいことではないが、そうなったのは自立力に問題があり、判断を間違い、勇気は愚かな勇気で、慎重さは無視されたからだ。つまり、感情のスペシャリストは四つの資質でトレードのタイミングを計り、判断を下すときに優先的にそれらを適用するだけでなく、どう適用するのかも常に柔軟に考えていなければならない。

この五つ目の資質である柔軟性は、謙虚さとも慎重さともまったく違う。慎重なトレーダーは、過剰なリスクを避ける保守的なだけの人に見えるかもしれない。しかし、柔軟性があるトレーダーは、感情を含めて何らかのスキルに問題があることに気づくことができる。自立力や判断力や勇気や慎重さも、チャートの反転サインや出来高の急騰などと同じで、過剰に用いるとだまされることになりかねない。ニューヨーク綿花取引所の創設会員で、一八七八～一八八〇年には社長も務めたディクソン・G・ワッツは、彼自身の経験からもちろんそのことを知っていた。「投機で成功するための王道はありません」「どうすれば儲かるかなど約束できないし、そんな約束をするのは愚かなことよりもなお悪い。自分や他人のために絶対儲かる計画を立てられるなどという人は、自分自身や人を欺いているのです」(『スペキュレーション・アズ・ア・ファイン・アート』)

時間はかかるが、テクニカルの知識と同じくらい感情に関する知識を備えておけば、どのマーケットの動きがよりよく理解できるようになる。そして、完全にマスターすれば、どのマーケットでもうまくトレードできるようになる。つまり、ひとつのことがうまくできるようになるだけで、素晴らしいキャリアが開けるのである。スティーブ・コーエンが自らの名前を冠して設立したSACキャピタル・アドバイザーズでは、トレーダーに一つの業種に専念させるという方針をとっている。同社では、一人がヤフー（ハイテク）とエクソン（エネルギー）とファイザー（製薬）をトレードするなどということはなく、ハイテク担当ならばハイテクセクターだけ、エネルギー担当ならばエネルギーセクターだけを扱う。彼らは、範囲は狭くても深い知識を持っている。

この方針には二つの目的がある。まず、トレーダーはそれぞれのセクターの専門家なので油断して失敗する可能性は低い。次に、多くのセクターの、多くの企業の状況を把握するために、無駄な時間を割かなくてすむ。コーエンはトレードできる銘柄を制限することで、トレーダーたちに自分自身を理解することを課したのだ。つまり、自分自身を理解することを彼のリスク管理システムに組み込んだのである(MartinKronicle.comに掲載された「天才的なクラッチ操作でSACを急成長させた方法」)。

機械化された数学的システムがなくても、トレーディングで成功することはできる。そう言うと、これまで書いてきたことを無視するようだが、本当だ。トレーディングの世界は、コンピューターやシステム化したルールよりもはるかに大きな世界なのである。

表10.1を拡大して、あなたのシステムの変数をすべて含めてみれば、あなたのシステムはあなたが想像する以上にたくさんの感情を生み出していることが分かるだろう。システムが示す、あるいはシステムが示さないトレーディングの行動シグナルの合間の変化を研究してみてほしい。
そして、自分が好ましいと思っている感情や好ましくないと思っている感情が分かれ

ば、ライバルのはるか先を行くことができる。それには、トレーディングの「ハウツー」ではなくて、自分の気持ちや感情を知ることから始めなければならない。**自分がどのような感情の持ち主なのかを見極めれば、自分に合うツールや自分に快適なレバレッジやトレードの頻度は簡単に分かるだろう。**自分を感情のスペシャリストに変身させれば、いつどのようにトレードするかだけでなく、なぜトレードするかまで理解できるようになるため、日々のトレードでより明確な判断が下せるようになる。

第11章

自分の内なる声を聞く

「真っ暗だから見つからない　開け放たれた扉の鍵が」——スチュワート・コープランド（アルバム「ゴースト・イン・ザ・マシン」の『暗黒の世界』より）

トレーダーとして、聞き上手になると、トレーディングは劇的に向上する。聞くときは、言葉の文字どおりの意味だけでなく、なぜその言葉を選び、そのような話し方をしているのかを考えてほしい。このようにして相手の話を聞くと、心を開いて相手が本当に伝えようとしていることの意味を受け止めることができる。そして、このことは、自分の内なる声を聞く場合にも言える。

ここでは情報だけではなく、その裏側にある感情や、話し手の動機も同じくらい重要だ。ときには、話し手（アナリスト、トレーダー、ポートフォリオマネジャー、中央銀行の幹部など）が自分自身の内なる声を理解していないため、自分が何を伝えようとしているのかが分からずに話している場合もある。人は、行動は感情に基づいてするが、話は知識に基づいてする――特に男性はそうだ。

インドの哲学者で神秘論主義者のジッドゥ・クリシュナムルティは、「相手の話を注意深く完全に聞くことができると、相手の言葉だけでなく、どのような気持ちで伝えようとしているのかも、部分的ではなく全体として分かる」（カリフォルニア州立大学バークレー校で一九六九年に行った講演「あなたが世界だ」より）と言っている。

このような聞き方をするためには、全身で集中する必要がある。何年か前にアメリカ国立科学財団が、人は一日に六万の思考をすることが可能だという研究結果を発表した。これは、テレビの電源やソーシャルメディアにつながっていないときの話で、もしこれが「ただの雑音」だとしたらどれほど疲れることか想像できるだろう。これらの思考の大部分は無害な考えで、何の役にも立たない。しかし、それぞれがエネルギーと知力を消費する。そして、知力を消費すると、時間とともに心も体も疲労する。つまり、人を助けるはずの考えるという行為が、実際には貴重なエネルギーを消費しているのである。

そのうえ、人の思考や発想は神経系が刺激に反応することによって生まれる。トレーディングフロアや家では、近くに少なくともテレビが一台はあって、音を発しているだろう。もしかしたら何台かのテレビが違うチャンネルを映していて、それぞれが雑音を発しているかもしれない。さらに、それぞれのチャンネルが臨時ニュースを流し、投資番組のゲストの話に合わせて最新の価格やチャートも映し出されているかもしれない。こうして書いているだけでも疲れてくる。

これらの情報はすべて統計的には雑音で、無意味なものでしかない。ハイテクに詳しい美人キャスターが有無を言わせぬ口調でニュースを伝えれば、視聴者は重要かつ緊急なことに違いないと思ってしまう。最新情報を把握していなければ、世の中から遅れてしまうからだ。しかし、そうだとしても、それがあなたの損益に影響を及ぼすわけではない。

点滅する画面やチャートや流れてくる株価情報やトップニュース（例えば、**臨時ニュース——リンジー・ローハンが結婚する、ダウ平均一一九ドルの下落**）などはすべてあなたを楽しませるためにある。そのための娯楽情報番組なのだ。

私は有料テレビを解約して四年になるが、もちろんまったく後悔していない。これらのサービスは、これがなくては生きていけないと視聴者が錯覚するように設計されている。しかし、これがなくても生きていけるし、率直に言って仏教や瞑想で言うところの「心猿」（https://secure.wikimedia.org/wikipedia/en/wiki/Mind_monkey）を抑えるためには、むしろないほうがよい。心猿とは猿が木から木へと飛び移るように思考があちらこちらに散る状態で、これに悩む人は落ち着きがなく、一瞬しか価値がないデータに気をとられてしまう。

自分の行動をよく観察すると、**あなたが行うプロの手順とは、実は、ある一つのトレードを仕掛ける前に知力を消費するようにする儀式**だと思えてくるかもしれない。ただ、これは気持ちが良いことで、それが大切なのである。このとき、内なる声がコースから外れないようにするコントローラーの役目を担ってくれる。

いろんなところから来たものでも理解できるようになることも学習の一部だが、自分自身を理解できていなければ、どれほどの知識があっても、だれから学んだとしても、頻繁に情報を入手したとしても意味がない。むしろ、知識は感覚を鈍くする。内なる声はすべてのことに疑問を持ち、常に「これは関連があるのか、重要なのか、今知りたいことに必要なものなのか」と問い掛けてくれる。これが新しい聞き方であり、それは他人に対してのみならず、自分自身に対しても適用できる。

新しい聞き方を習得するということには、みんなとは一八〇度逆に考えてみることも含まれている。教えてもらうことも大切だが、自分自身の内なる声を聞くということを学ぶことのほうがもっと重要だ。あなた自身の内なる声は、あなたが自由に使える最も重要なものなのである。しかし、それがうまくできるようになるためには、自分自身を信頼することを学ばなければならない。

それには、瞑想やヨガの練習やひとりでの修行やトレーディングトライブが非常に役に立つ。もし聞くことを強制される（あるいは雑音を避けられない）と、気が散って心を静めることなどできないと感じるだろう。しかし、私の友人で師でもあるエリック・

シフマンによれば、何カ月も何年も修行を積むことで、雑念を払って「ただそこにいる」ことができるようになるのだという。

シフマンは、私の生涯のヨガの師匠であり、瞑想のコーチであり、友人でもある。私の知るかぎり、彼はトレーディングをしていないが、私が自己意識や自分自身を理解することを深めるうえで、最も大きな影響を与えてくれた。彼曰く、**「賢くなればなるほど、自分が何も知らないことに気づきます」。そして、「自分が何も知らないことに気づけば気づくほど、あるひとつの情報だけに頼らないようにします。**頭の中にもインターネットがあるのだということに気づけば、そちらをオンラインの状態にできるようになります。つまり、頭の中のオンラインを稼働させるためにあらゆる努力をすることが、最も賢いことなのです」（二〇一一年九月に著者が行ったインタビューより）。この言葉は、シフマンの偉大な著書『ムービング・イントゥ・スティルネス』（Moving into Stillness）のなかの教えに通じている。大切な決断を下すときは、一〇分立ち止まって、一息つく。そして、静かに座って宇宙に教えを乞うのだ。その後、「どこでうまくいかなくなるのか」「何か考慮すべきことが抜けていないか」と自問してみる。時間は常に味方であり、自分の内なる声を聞くためには静かな時間が欠かせない。

自分ひとりで判断を下すことはあまり良いことではない。特に、リスク管理や、未知の要素が無限にあるトレーディングにおいてはなおさらだ。「頭の中の小さなハードディスクドライブに入った少ない情報に基づいて自分ひとりで決める代わりに、自分が持てるすべての力を使って宇宙に質問を投げかけてみてください。『心を静める』ことができれば、宇宙からのダウンロードが始まります」とシフマンは言う（二〇一一年九月に著者が行ったインタビューより）。

ジェフ・コルビンの『タレント・イズ・オーバーレーテッド』（Talent Is Overrated）を読んで、考えたことがある。トレーディングの世界では、教育が過大評価されている。しかし、ブラッドベリーとブレーブス著『エモーショナル・インテリジェンス2.0』［Emotional Intelligence 2.0］』によれば、平均的な知能指数の人のお金に関するパフォーマンスは、高い知能指数を持つ人を何と七〇％も上回っているのである。この研究では、被験者のなかで自分の感情をリアルタイムで正確に認識できていた人は全体のわずか三六％しかいなかったと結論づけている。つまり、全体の三分の二の人は、自分でも知らない感情に支配されていたのである。このことは、より良いトレーダーを目指す人にとって大きな意味がある。そこで、自分の気持ち――特に無意識のときの気持ち――が伝えようとしていることに気づくためのシステムが必要になる。この気持ちは、たとえあなたが気づいていなくても、あらゆる行動の裏側に必ず存在している。ただ、この無意識のシステムの結果を見ることはできても、それがどこから来たのかを知ることはおそらくできないだろう。

マーケットの魔術師のひとりであるリンダ・ブラッドフォード・ラシュキも、トレーダーについてさまざまなことを語っている。「新人トレーダーには、考えることや決め事が多すぎます。……努力して……自分自身を雑音から解放してあげなければなりません。行動の指針を準備しておけば、ストレスを軽減できます。たくさんの変数が同時に出てくると、ストレスが過大にかかってしまいます」（二〇一一年に著者が行ったインタビューより）。このマーケットの魔術師も、人生からストレスを減らすことができれば、より良い判断が下せると言っているのである。

ラシュキはストレスについて「ストレスを常にチェックしておかなければなりません。多少のストレスはパフォーマンスの助けになりますが、多すぎれば動けなくなります。感情は安定した状態に保っておかなければなりません。経験も助けにはなりますが、心が健康でなかったり精神が不調だと、集中力が下がります。そうなると経験ももはや役に立ちません」と言っている（二〇一一年に著者が行ったインタビューより）。

もし自分の感情について学ばないと、あなたが気づくか気づかないかは別として、結果は予想がつく。それならば最初から降参して自分の感情について知っておけば、トレーダーの道を進んでいくうえで大きな効果を実感できるだろう。

三分の二の人たちが自分には分からない感情に支配されているということは、自分自身を理解することを深めればトレーディングのエッジのひとつが即座に手に入るということでもある。これはあなたの勝率を上げてくれるだろう。あなたのトレード相手は、たとえあなたがＭＡＣＤが何の略かすら知らなくても、事実上「一対二の賭け」をすることになる。トレードの仕方すら知らなくても、あなたには大きなエッジがあるからだ。

瞑想すると、自分自身を理解する力が高まる。もし私が間違っていれば、仏教の発生よりも古い紀元前一八〇〇年から続いてきた四〇〇〇年の歴史を無視することになる。自分自身をより良く理解できるようになれば、マーケットもよく理解できるようになり、最適ではないトレードに引きずり込まれることもなくなる。トレーダーにとっては、一日も長く生き延びることがカギとなる。また、トレーディングとは、良い銘柄や商品を当てるゲームではなく、同業者よりもうまく守るゲームだということが分かれば、優れたトレーダーになることができる。

問題　あなたのようなプロの商品トレーダーはリスクをとるのが好きなのではないのか。

答え　**消防士が火が好きなように私もリスクが好きだ**が、だからといってリスクを好んでとるわけではない。自分の内なる声だけに耳を傾けていれば、**リスクをうまく処理できるというだけのことだ。**

ＡＱＲキャピタルでチーフリスクマネジャーを務めるアーロン・ブラウンは、ある時点から個人のトレーディングだけに集中することにしたと語る。「あるときからエッジを気にしなくなりました。勘が鈍ったわけではないし、今でも利益は上げたいとは思います。しかし、トレーダーに必要なエッジがなくなってしまったのです。今の仕事では基本的な原則を守ることで役目を果たしています。レーザーのような集中力を失ったら、資金管理をすべきではありません。最悪なのは、明日取り返せると思うことです。ポーカーで、アマチュアとプロの大きな違いは、七二時間続けてプレーしてもプロはポットの五〇〇ドルにこだわる点にあります。そのような集中力がなければ、長期的に見て勝つことはできません。すべてのポジションに強いこだわりを持つことができなければ、トレーダーとして成功することはできないのです」（二〇一一年三月に著者が行ったインタビューより）

あるとき、ポール・チューダー・ジョーンズが失敗トレードで五％の損失を出し、その日の終わりに率直な感想を述べた。このときの彼は、資金のことではなく、自分の分析が完全に間違っていたことを気にしていたのだ。ジョーンズが最高のトレーダーである理由は、彼が感情面でも知識面でも打撃を受けているのに、まったく脱線しないことにある。彼は自分の欠点を認めて謙虚になり、プロのトレーダーにはこのような日が何度もあるということも分かっているのだ。この日は、顧客が何年も連続で倍増している時期のなかの一日だった。私は、率直さや謙虚さがない新人トレーダーに会うと、この仕事を長く続けていくことはできないだろうと思う。それは、彼らが自分の内なる声を聞かないからだけでなく、それがあることすら気づいていないからである。

ＣＴＡ（商品投資顧問業者）のデビッド・ハーディングは、彼が設立したウィントンン・キャピタルの成功について次のように語っている。「私たちは、さまざまなマーケットの膨大かつ雑多なデータを分析して、『賭ける』に値するパターンを探します。金融市場でよく見かけるような仰々しい売り言葉を並べる同業者よりもかなり謙虚な姿勢で臨んでいると思います。私たちは、自分たちがほとんど何も知らないことを自覚していますが、『ほとんど知らない』は『まったく知らない』とは違い、私たちはその小さな差だけに賭けます。これは科学の実験に少し似ていて、失敗もかなりあります。しかし、全体として見れば、損失よりも利益が多くなっています」(ニューサイエンティスト誌に掲載された「オピニオン」より、http://www.newscientist.com/article/mg20827895.000-hedgefund-philanthropist-physics-can-save-the-planet.html)

ＥＱ（心の知能指数）を上げるための訓練に特化した企業であるタレントスマートのトラビス・ブラッドベリーとジーン・グレーブスの研究によれば、業績優秀な社員の九〇％は、自分の内なる声に関心を寄せる知的な資質を持っていた。また、この研究では、彼らの年収がＥＱが低い社員に比べて平均二万九〇〇〇ドルも多いことを発見した。人によっては、二万九〇〇〇ドルの差は大きな違いではないかもしれないが、この研究はＥＱが一ポイント違うと年収に一三〇〇ドルの差が出ると結論づけている。

この研究のポイントは、損失はある程度コントロールできるということにある。レバレッジを過剰に掛ければ小さな値動きでも深刻な事態を招くことになるし、株数や枚数が少なければマーケットが大きく動いてもさほどの影響はない。大切なことは、勝っているトレードに集中するのと同じくらいに負けているトレードにも集中することなのである。

ＦＸを五〇倍のレバレッジでトレードするとき、金額的な目標は表面的なものでしかない。本当の目的は頭を回転させることで、これは内なる声との内なる論争なのである。自分の本当の気持ちはなくなることがないのだから、それに従い、そこから学んでほしい。**あなたの感情と気持ちは、あなたの行動を支配するご主人様なのである。**これらは、あなたがすべてを学び終えるまでの長い道のりを導いてくれる。トレーディングも技術的なスキルだけでは、それなりのことしかできない。アナリストやほかのマネーマネジャーの話を聞きすぎると、判断を下せなくなってしまうことになりかねない。テレビに出演している人たちは、それぞれの意図に基づいて発言している。専門家やあなたが過小評価されていると思っている銘柄が値上がりしたり、過大評価されていると思っている銘柄が値下がりしたりする保証はどこにもない。ＰＥＲ（株価収益率）が二〇倍を超えていれば買わないというトレーディングルールに従ったら、素晴らしいチャンスを逃したかもしれない。ウォーレン・バフェットでさえ、PERが高すぎるという理由でマイクロソフトやアップルを買い損なった。**自分の考えが正しかったことに「世界中の人もいずれは気づく」と思うのはあまりに傲慢だ。株や商品の価格はマーケットが決めるもので、アナリストが判断するものではない。**価格は知るべきことのすべてを私たちに教えてくれるという事実を受け入れ、エゴを捨てて、頭の中もマーケットも自然の流れに任せてほしい。

価格を研究することで、自分の気持ちについても多くを学ぶことができる。仕掛け値に思い入れが強すぎると、チャンスも資金も失うことになる。仕掛けについて厳密に考えすぎるのはやめたほうがよい。不動産は売ったときに利益が出るのと同じで、証券も正しく売ることで損失を小さく抑え、トレイリングストップを活用することで、含み損を減らさないようにしていくことができるのだ。

自分について学ぶ方法をもうひとつ紹介しておこう。仮に、あるトレードで大きな利益が出たとしよう。そのトレードの直後と、二四時間後ではどのように感じていただろうか。おそらく有頂天になったり、誇りに思ったり、賢くて勇敢な気分になるだろう。

そしてどうするのだろうか。みんなに触れ回るのだろうか。ツイッターで知り合いに向けてつぶやくのだろうか。大きな利益を確定したあとの気分はどのようなものだろうか。だれに知らせたのだろうか。どのような反応を期待しているのだろうか。思いは具現するものであり、結果を想像してから始めたら、目的はガールフレンドに自分がいかにすごいかを知らせるメールを送りたかっただけかもしれないし、両親に褒めてもらいたかったのかもしれない。結局、お金はそれほど重要ではなかったのかもしれないのだ。

しかし、マーケットが大きく逆行したときに、あらかじめ手仕舞い戦略を決めておかなければ落胆したり失望したりするだろう。これは、あなたが折り合いをつけなければならない感情のもうひとつの面なのである。もし対処したくなかったり、それができなかったりするのならば、新しい「システム」や新しいルール、そして何よりもそれに対応するさらなるリスク管理が必要になる。あなたの内なる声は、対話するだけでなく、プラットフォームも決めなければならないのだ。もちろん、あなたが決めてもよいが、これまで述べてきたとおり、そう簡単にはいかない。心を静めれば内なる声にアクセスすることができる。なぜこれがそれほど重要なのだろうか。順を追って説明しよう。瞑想は、丹田呼吸法を使って心を静める過程とも言える。そして、心はあなたの全般的な考え方を支配している。あなたの考え方はあなたの行動を支配し、あなたの継続的な行動を見れば、あなたがどのような人生を送るのかが分かるのである。

ただ、**すべてのトレーダーにとって正しい答えなど存在しない。あるのは、あなたにとっての正しい答えだけなのである。**もし口座の資金を増やしたいのであれば、トレードがうまくいかなかったときの気持ちも受け入れなければならない。これらは完全に補い合う感情で、どちらかだけを外すことはできないのだ。

本書でインタビューを紹介したり発言を引用したりしたトレーダーは、みんな知的で、賢くて、先駆的な人物ばかりだ。それぞれが異なるトレードスタイルを持っていて、それぞれの手法は、トレーダーの発達し続ける心の知能指数や意識レベルや自分自身への理解が進むことによって、発展したりある方向に向けて収束したりしている。そして、彼らはみんな自分の内なる声を直接聞いているのである。

■著者紹介

マイケル・マーティン（Michael Martin）

20年以上にわたって成功を収めてきたトレーダー。トレーダー・マンスリー誌の共同編集者も務めている。生まれも育ちもニューヨークで、現在はロサンゼルス在住。ザ・ハッフィントン・ポストやザ・ビジネス・インサイダーや、自身のブログであるマーティンクロニクル（http://martinkronicle.com）やバロンズ紙などで活躍。学生時代から商品先物トレードに興味を持ち、就職後も続け、大口ヘッジャーのための灯油と天然ガスの季節性モデルの作成、これをきっかけにウォール街で商品のトレーディングを始め、莫大な手数料を得るようになった。しかし、成功報酬ならばその数倍は稼げると考え、３年で証券会社を辞めて独立。マンハッタンからロサンゼルスに移り、CTA（商品投資顧問業者）を設立する。このころ、インクライン・ビレッジ・トレーディング・トライブに加入し、ロサンゼルスからタホ湖に通い始める。また、ロサンゼルスにもトレーディング・トライブを設立し、その責任者となる。このころ彼はオータムゴールドのCTAランキング１位を獲得した。

■監修者紹介

長尾慎太郎（ながお・しんたろう）

東京大学工学部原子力工学科卒。日米の銀行、投資顧問会社、ヘッジファンドなどを経て、現在は大手運用会社勤務。訳書に『魔術師リンダ・ラリーの短期売買入門』『タートルズの秘密』『新マーケットの魔術師』『マーケットの魔術師【株式編】』（いずれもパンローリング、共訳）、監修に『バーンスタインのデイトレード入門』『マーケットのテクニカル秘録』『高勝率トレード学のススメ』『フルタイムトレーダー完全マニュアル』『新版　魔術師たちの心理学』『トレーディングエッジ入門』『スイングトレードの法則』『ロジカルトレーダー』『タープ博士のトレード学校　ポジションサイジング入門』『アルゴリズムトレーディング入門』『クオンツトレーディング入門』『イベントトレーディング入門』『スイングトレード大学』『オニールの成長株発掘法【第４版】』『コナーズの短期売買実践』『トレードの教典』『システムトレード 基本と原則』『脳とトレード』『ザFX』『一芸を極めた裁量トレーダーの売買譜』『ワン・グッド・トレード』『裁量トレーダーの心得 初心者編』『FXメタトレーダー4 MQLプログラミング』『相場の黄金ルール』『裁量トレーダーの心得 スイングトレード編』など、多数。

■訳者紹介

井田京子（いだ・きょうこ）

翻訳者。主な訳書に『ワイルダーのテクニカル分析入門』『トゥモローズゴールド』『ヘッジファンドの売買技術』『投資家のためのリスクマネジメント』『トレーダーの心理学』『スペランデオのトレード実践講座』『投資苑３　スタディガイド』『トレーディングエッジ入門』『千年投資の公理』『ロジカルトレーダー』『チャートで見る株式市場200年の歴史』『フィボナッチブレイクアウト売買法』『ザFX』『相場の黄金ルール』（いずれもパンローリング）などがある。

2023年11月３日　初版第１刷発行

ウィザードブックシリーズ ㉟①

トレードで行き詰まったときに読む本
――自分を知ることから始まる相場心理学

著　者　　マイケル・マーティン
監修者　　長尾慎太郎
訳　者　　井田京子
発行者　　後藤康徳
発行所　　パンローリング株式会社
〒160-0023　東京都新宿区西新宿7-9-18　6階
TEL 03-5386-7391　FAX 03-5386-7393
http://www.panrolling.com/
E-mail　info@panrolling.com
編　集　　エフ・ジー・アイ（Factory of Gnomic Three Monkeys Investment）合資会社
装　丁　　パンローリング装丁室
組　版　　パンローリング制作室
印刷・製本　株式会社シナノ

ISBN978-4-7759-7320-2

関連書籍

真・トレーダーズバイブル

小次郎講師流 目標利益を安定的に狙い澄まして獲る

著者：小次郎講師

定価 本体2,800円+税　ISBN：9784775991435

勝率90%の手法でも、勝てないことは間々ある。エントリー手法は、資金管理とリスク管理とセットになって、はじめてその効果を発揮する。

FXで勝つための資金管理の技術

著者：伊藤彰洋／鹿子木健

定価 本体1,800円+税　ISBN：9784775991701

勝てない原因はトレード手法ではなかった！損失を最小化し、利益を最大化するための行動理論。

投資家心理を読み切る 板読みデイトレード術

著者：けむ。

定価 本体2,800円+税　ISBN：9784775990964

「勝ち組がわずか5%」といわれるトレードの世界において、心理戦（板読み）で勝つために必要な考え方を身につけることから徹底指導。

トレードの成功哲学

著者：村居孝美

定価 本体2,800円+税　ISBN：9784775991244

NLPトレードコーチングであなた自身の「成功」を設定し実現させる！ 負けトレーダーが生まれる変わるために必要なこと。